Für meine liebe Fre… …in
Anne…
Fe…
Dein…
Yas…

♈ HOROSKOP DER LIEBE ♈

WIDDER

21. März - 20. April

JULIA & DEREK PARKER

arsEdition

Gewidmet Martin Lethbridge

EIN DORLING-KINDERSLEY-BUCH

Project Editor · Annabel Morgan
Art Editor · Anna Benjamin
Managing Editor · Francis Ritter
Managing Art Editor · Derek Coombes
DTP Designer · Cressida Joyce
Production Controller · Martin Croshaw

Danksagungen
Fotos: Steve Gorton: S. 10, 13-15, 17-19, 46-49; Ian O'Leary: S. 16.
Weitere Fotografen: Colin Keates, Dave King, Monique Le Luhandre, David Murray, Tim Ridley, Clive Streeter, Harry Taylor, Matthew Ward. Illustrationen: Nici Demin: S. 34-45; Peter Lawman: Umschlag, S. 4, 12; Paul Redgrave: S. 24-33; Satwinder Sehmi: Symbole; Jane Thomson: Schmuckrahmen; Rosemary Woods: S. 11.
Peter Lawmans Bilder sind in der Portal Gallery Ltd., London ausgestellt.

Bildquellen: Bridgeman Art Library/Eremitage St. Petersburg: S. 51; Robert Harding Picture Library: S. 20 links, Mitte, rechts; Images Colour Library: S. 9; The National Gallery London: S. 11; Tony Stone Images: S. 21 oben, unten; The Victoria and Albert Museum London: S. 5; Zefa: S. 21 Mitte.

Ebenfalls danken wir: Sarah Ashun, Emma Brogi, Charlie Chan, John Filbey, Jane Lawrie, Sharon Lucas, Daniel McCarthy, Marion McLornan, Christine Rista, Ola Rudowska, Tim Scott, Isobel Sinden, Martha Swift, Mark Thurgood, Cangy Venables und Liz Wagstaff.

Originaltitel: **The Love Signs Library. Aries**

Aus dem Englischen von Elke Hesse
Redaktion: Martina Stoll-Kreußel

Printed in Hong Kong
ISBN 3-7607-1712-8

INHALT

ASTROLOGIE & SIE

ASTROLOGIE BESTEHT KEINESWEGS NUR AUS DER ERMITTLUNG IHRES SONNENZEICHENS. DER STAND DER ANDEREN PLANETEN ZUM ZEITPUNKT IHRER GEBURT KANN EBENFALLS FASZINIERENDE EINBLICKE IN IHRE PERSÖNLICHKEIT GEBEN.

Ihr Stern- oder auch Sonnenzeichen ist das Tierkreiszeichen, das die Sonne zum Zeitpunkt Ihrer Geburt durchwanderte. Die meisten Astrologiebücher beschränken sich darauf, die Bedeutung des Sonnenzeichens zu erklären. Dies ist eine einfache Form der Astrologie, die Ihnen zwar interessante, aber sehr allgemeine Informationen über Ihre Persönlichkeit gibt. Dieses Buch geht einen Schritt weiter. Es verrät Ihnen, in welcher Verbindung die Planeten Venus und Mars zu Ihrem Sternzeichen stehen und welchen Einfluss Sie auf Ihre Einstellung zu Liebe und Sexualität haben.

Um einen genauen Einblick in Ihre Persönlichkeit zu gewinnen, bedarf es eines Geburtshoroskops, aus dem nicht nur die Stellung der Sonne, sondern die aller Planeten des Sonnensystems zum Zeitpunkt der Geburt hervorgeht. So wie die Sonne in einem der zwölf Tierkreiszeichen stand und Sie beispielsweise zu einem Zwilling oder Schützen machte, standen auch die anderen Planeten in einem Zeichen. Jeder Planet ist für einen bestimmten Teil Ihrer Persönlichkeit verantwortlich, und die Planeten Venus und Mars sind für Ihre Einstellung zu Liebe und Sexualität zuständig.

Als Schütze beispielsweise müssten Sie nach den Merkmalen des Sonnenzeichens ein dynamischer, freiheitsliebender Typ sein. Stand aber, als Sie geboren wurden, die Venus im Zeichen der Waage, so sind Sie ein eher passiver und anhänglicher Partner – Eigenschaften, von denen man sagt, sie seien dem Schützen völlig fremd.

Planetenkonstellation

Kopernikus vertrat im 16. Jahrhundert die für seine Zeit revolutionäre These, dass die Planeten um die Sonne statt um die Erde kreisen. Diese Karte aus dem 17. Jahrhundert zeigt die Sonne im Zentrum des Planetensystems.

Mit Hilfe der Tabellen auf Seite 52-61 können Sie die Position von Mars und Venus zum Zeitpunkt Ihrer Geburt ermitteln. Wenn Sie diese Position herausgefunden haben, schlagen Sie bitte die Seiten 22-45 auf. Dort können Sie nachlesen, wie sich der Einfluss von Mars und Venus auf die Eigenschaften Ihres Sonnenzeichens auswirkt. Sie gewinnen vielleicht überraschende, in jedem Fall aber faszinierende Einsichten in Ihre Persönlichkeit und erfahren, wie die Planeten Ihre Einstellung zu Liebe und Sex geprägt haben.

PARTNERSUCHE

DIE ASTROLOGIE KANN IHNEN WERTVOLLE TIPS GEBEN, WIE SIE KONTAKTE KNÜPFEN UND AUSBAUEN KÖNNEN. SIE KANN IHNEN AUCH SAGEN, WIE SIE ZU IHREM PARTNER PASSEN UND WIE AUSSICHTSREICH IHRE BEZIEHUNG SEIN DÜRFTE.

Häufig benutzen Menschen die Astrologie als Einstieg um jemand kennen zu lernen; die Frage nach dem Sternzeichen ist ein beliebter Gesprächsanfang. Für die einen ist es eher ein Spiel; andere dagegen können großen Wert auf die Frage und ihre Beantwortung legen.

Astrologie kann Ihr Denken und Ihr Verhalten in der Liebe beeinflussen. Sie kann Ihnen faszinierende Informationen und nützliche Tips über sich und Ihren Partner liefern. Was sie nicht kann, ist: Ihnen sagen, in wen Sie sich verlieben sollen und in wen nicht.

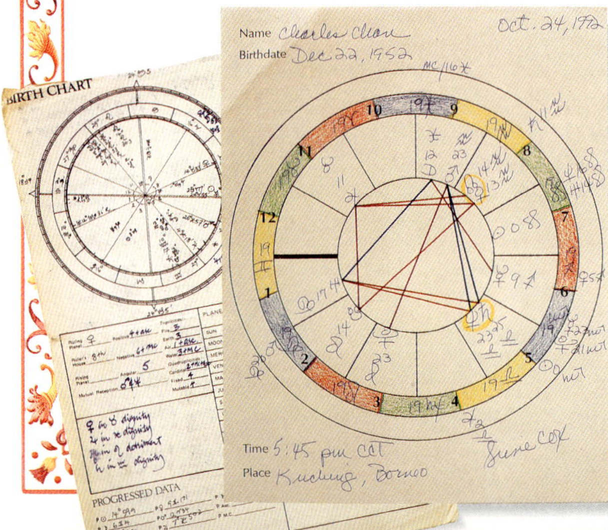

Geburtshoroskope
Die Synastrie vergleicht die Geburtshoroskope zweier Menschen um zu zeigen, wie sie in verschiedenen Bereichen ihrer Beziehung miteinander harmonieren. Gemeinsamkeiten und Konflikte werden so deutlich.

Die vier Elemente

Menschen, deren Sternzeichen zur selben Elementengruppe gehört, harmonieren meist gut miteinander. Die Gruppen lauten:

FEUER: *Widder, Löwe, Schütze*

ERDE: *Stier, Jungfrau, Steinbock*

LUFT: *Zwillinge, Waage, Wassermann*

WASSER: *Krebs, Skorpion, Fische*

Wenn Sie jemandem begegnen, der Ihnen gefällt, kann die Astrologie Ihnen wertvolle Einsichten in seine Persönlichkeit liefern. Sie kann sogar Charakterzüge aufdecken, die Ihr Partner lieber vor Ihnen verborgen halten würde.

Astrologen werden oft um Rat gebeten, wenn jemand mehr über seine Beziehung wissen will oder Probleme mit dem Partner hat. Dieser Teil der Astrologie heißt Synastrie. Dabei werden die Geburtshoroskope beider Partner miteinander verglichen. Jedes Geburtshoroskop gibt exakt den Stand der Planeten zum Zeitpunkt und Ort der Geburt eines Menschen wieder. Durch Auslegung der Einzelhoroskope und anschließenden Vergleich kann der Astrologe herausfinden, ob zwei Menschen zusammenpassen, und aufzeigen, wo es in der Beziehung zu Konflikten kommen könnte und wo sich eine starke Bindung entwickelt.

Eine der größten astrologischen Legenden ist, dass bestimmte Sternzeichen auf keinen Fall zusammenpassen. Das ist Unsinn. Jedes Sternzeichen kann unter bestimmten Voraussetzungen mit jedem anderen Sternzeichen eine glückliche Beziehung eingehen.

SIE & IHR PARTNER

SICH UND DEN PARTNER ZU KENNEN IST DER SCHLÜSSEL ZU EINER GLÜCKLICHEN BEZIEHUNG. HIER ENTHÜLLEN WIR DIE TRADITIONELLEN WIDDER-ATTRIBUTE, IHR VERHÄLTNIS ZU DEN ANDEREN STERNZEICHEN UND DIE DAZUGEHÖRIGEN PFLANZEN.

Widder und Widder

Treffen zwei feurige Widder aufeinander, dürften die Funken fliegen. Wenn Sie lernen gegenseitig Rücksicht zu nehmen, wird Ihre Beziehung leidenschaftlich und mit viel Spaß verbunden sein.

Lavendel wird dem Zwilling zugeordnet.

Disteln werden vom Widder regiert.

Widder und Zwillinge

Der lebhafte Zwilling hält Sie auf Trab. Sie gelten beide als ruhelos und haben eine Vorliebe für alles aufregend Neue. Das ewige Flirten des Zwillings wird Sie aber wohl gewaltig stören.

Widder und Stier

Der gemächliche Stier japst dem aktiven Widder meist hinterher und seine bedächtige Art könnte Sie erst irritieren. Ist er aber erst einmal in Fahrt, werden Sie keinen Grund zur Klage haben.

Lilien und andere weiße Blumen gehören zum Krebs.

Die Rose ist mit dem Stier verknüpft.

Widder und Krebs

Krebse streben nach emotionaler und häuslicher Sicherheit, Sie dagegen brauchen Aufregung, Abenteuer und Aktion. Dennoch werden Sie alles tun, damit der häusliche Krebs sich rundum wohl fühlt.

Widder und Löwe

Das Motto des Widders ist »Ich zuerst«; der temperamentvolle Löwe hat ebenfalls gern das Sagen. Das könnte Rangeleien geben. Doch haben Sie viel gemeinsam und werden das Beste aus sich herausholen.

Sonnenblumen sind Löwe-Blumen.

Widder und Jungfrau

Sie sind sehr unterschiedlich, deshalb sollten Sie Ihre gemeinsamen Interessen pflegen. Die Jungfrau holt Sie auf die Erde zurück; dafür helfen Sie ihr die Dinge etwas lockerer zu sehen.

Der Jungfrau sind kleine, leuchtende Blumen zugeordnet.

Hortensien sind die Blumen der Waage.

Widder und Waage

Der klassische Beweis, dass Gegensätze sich anziehen: Die Waage dämpft Ihre Impulsivität und Aggressivität und Sie leihen ihr etwas von Ihrem Temperament – eine glückliche Verbindung.

Das Geißblatt gehört zum Skorpion.

Widder und Skorpion

Sie sind beide sehr leidenschaftlich; wenn Ihre stürmischen Temperamente aufeinander prallen, dürfte es orkanartige Szenen geben. In sexueller Hinsicht harmonieren Widder und Skorpion aber bestens.

Orchideen gehören zum Wassermann.

Widder und Schütze

Der Schütze liebt die Jagd. Je eifriger Sie ihn verfolgen, desto mehr Freude hat er daran, Sie an der Nase herumzuführen. Haben Sie sich aber einmal gefunden, sind Sie ein leidenschaftliches Paar.

Nelken werden vom Schützen regiert.

Widder und Wassermann

Wassermänner werden vom Feuer und Enthusiasmus des Widders magisch angezogen und sind ausgezeichnete Freunde. Beiden ist ihre Freiheit wichtig, sie sollten daher eine relativ offene Beziehung führen.

Widder und Steinbock

Nur ein zielstrebiger und ehrgeiziger Widder kann den kühlen Steinbock erobern. Doch Ihrer überschäumenden Energie dürfte er sich schwer entziehen können.

Der Schneeball wird von den Fischen regiert.

Stiefmütterchen sind die Blumen des Steinbocks.

Widder und Fische

Sie sind beide sehr verschieden: Fische gelten als träumerisch und sentimental und sind im übertragenen Sinn »nah am Wasser gebaut«. Doch ihr romantischer Charme wird das Herz des Widders gewinnen.

MENÜS FÜR VERLIEBTE

Mit einem exquisiten Essen nahm schon so manche Liebesbeziehung ihren Anfang. Lesen Sie, mit welchem Menü Sie garantiert bei jedem Sternzeichen Aufmerksamkeit und Verlangen wecken können.

Der feurige Widder liebt fremdartig gewürzte, exotische Gerichte, zum Beispiel eine scharfe indische Currysuppe.

Menüs für Verliebte

Für Widder

Scharfe Currysuppe

·

Pfeffersteak

·

Flambiertes Eis

Für Stiere

Blumenkohlcremesuppe

·

Tournedos Rossini

·

Mousse au Chocolat mit Brandy

Für Zwillinge

Meeresfrüchtesalat mit Avocados

·

Pikantes Schweinegeschnetzeltes mit Ingwer

·

Zabaione

Für Krebse

Artischocke mit Sauce Vinaigrette

·

Seezunge Hausfrauenart

·

Mandelsoufflé

Menüs für Verliebte

Für Löwen

Geröstete Tomaten-Knoblauch-Suppe

·

Bœuf Stroganoff

·

Birnen in Rotweinsauce

Für Jungfrauen

Auberginensalat

·

Paella

·

Französische Apfel-Tarte

Für Waagen

Spargel mit Sauce Hollandaise

·

Schweinesteak mit Bratäpfeln

·

Erdbeeren mit Grand Marnier

Für Skorpione

Vichyssoise

·

Hummer Newburg

·

Schwarze Johannisbeercreme

Menüs für Verliebte

Für Schützen

Geeiste Gurkensuppe

·

Zwiebelkuchen

·

Rhabarberauflauf mit frischer Sahne

Für Steinböcke

Eier Florentiner Art

·

Schweinefilet gefüllt mit Salbei

·

Ananas mit Grand Marnier

Für Wassermänner

Brunnenkressesuppe

·

Hühnchen mit Chili und Limone

·

Zitronensoufflé

Für Fische

Französische Zwiebelsuppe

·

Forelle in Roséwein

·

Melonensorbet

REISEZIELE FÜR VERLIEBTE

HABEN SIE IHREN TRAUMPARTNER EROBERT, GIBT ES NICHTS SCHÖNERES ALS EINEN ROMANTISCHEN URLAUB ZU ZWEIT. LERNEN SIE UNTER BERÜHMTEN STÄDTEN UND IDYLLISCHEN STRÄNDEN DAS TRAUMZIEL EINES JEDEN STERNZEICHENS KENNEN.

EIFFELTURM, PARIS

Widder

Die perfekt restaurierten Renaissance-Paläste und -Kirchen von Florenz sind das richtige Ambiente für verliebte Widder.

Stier

Der ruhige, friedfertige Stier bevorzugt die natürliche Ruhe und unverdorbene Atmosphäre des Landlebens in Irland.

Zwillinge

Der lebhafte, ruhelose Zwilling fühlt sich in der schnelllebigen Atmosphäre der Weltmetropole New York ganz zu Hause.

Krebs

Venedigs einzigartig romantisches Flair mit seinen Kanälen weckt die Leidenschaft und Phantasie des Wasserzeichens Krebs.

BASILIUS-KATHEDRALE, MOSKAU

AYERS ROCK/ULURU, AUSTRALIEN

Löwe

Der pittoreske Charme und die mittelalterliche Stimmung Prags entfachen im Löwen immer wieder neue Leidenschaft.

Jungfrau

Die eleganteste und romantischste aller Städte, Paris, ist der ideale Liebesort für die kultivierte, wählerische Jungfrau.

Waage

Die fremdartig-exotische Atmosphäre von Oberägypten ist die perfekte Kulisse, um die feinsinnige Waage zu erobern.

Skorpion

Den heißblütigen Skorpion zieht die prickelnd-lebendige Ausstrahlung von New Orleans in seinen Bann.

Schütze

Die endlose Weite des australischen Hinterlands ist genau das Richtige für den freiheitsliebenden und naturverbundenen Schützen.

Steinbock

Die historischen Monumente der russischen Hauptstadt Moskau werden den Steinbock faszinieren und inspirieren.

Wassermann

Der draufgängerische Wassermann wird von der ungewöhnlichen, einzigartigen Landschaft Indiens begeistert sein.

Fische

Den wasserbegeisterten Fisch zieht es immer wieder ans Meer, zum Beispiel auf eine kleine Mittelmeerinsel.

Die Pyramiden, Ägypten

Gondeln in Venedig

Tadsch Mahal, Indien

VENUS & MARS

DIE HELL LEUCHTENDE VENUS UND DER FEURIG ROTE MARS WURDEN IMMER SCHON MIT LIEBE UND LEIDENSCHAFT VERBUNDEN. BEIDE PLANETEN ÜBEN EINEN GROSSEN EINFLUSS AUF UNSER LIEBESLEBEN UND UNSERE BEZIEHUNGEN AUS.

Die Astrologie hat ihre Wurzeln in einer Zeit, lange bevor die Menschheit anfing ihre Geschichte aufzuzeichnen. Die frühesten Funde – Knochen, auf denen die Mondphasen eingeritzt wurden – sind älter als jedes Alphabet oder andere Schriftzeichensystem.

Den Planeten Venus und Mars maß man in der Astrologie von jeher große Bedeutung bei. Dies machen erste Versuche in den Anfängen der Astrologie, die Einflüsse der beiden Planeten auf die Menschen aufzuzeichnen, deutlich. Jahrhunderte später wurden die Planetenpositionen sorgfältig in persönlichen Horoskopen notiert. Die früheste bekannte Aufzeichnung stammt aus dem Jahre 410 v. Chr.:

»Venus stand im Stier und Mars in den Zwillingen«.

Der hell leuchtende Planet Venus repräsentiert den Einfluss der Seele auf unseren Körper. Er ist verantwortlich für das reine, sublimierte, »romantische« Gefühl ohne sexuelles Verlangen. Er regiert so unsere Spiritualität und die platonischen Seiten unserer Liebesbeziehungen.

Der Planet Mars beeinflusst dagegen die körperlichen Aspekte unseres Lebens — unsere Stärke, physisch wie psychisch, unsere Ausdauer und unsere Fähigkeiten im Kampf ums Überleben. Er wirkt stark auf den Geschlechtstrieb von Männern und Frauen ein, er regelt unsere körperliche Energie, Sexualität und unser Begehren.

Als Planet, dessen Umlaufbahn zwischen Erde und Sonne liegt, zählt Venus zu den »unteren« Planeten. Sie kreist eng um die Sonne und inner-

Die Liebe erobert alles.

In Botticellis »Venus und Mars« wurde die kriegerische, feurige Macht des Kriegsgottes Mars vom sanften Charme der Venus, Göttin der Liebe, besiegt.

halb des Tierkreises steht sie immer in einem Zeichen nahe der Sonne. Zum Zeitpunkt Ihrer Geburt kann sie daher auch nur in einem von fünf möglichen Zeichen gestanden haben: in Ihrem Sonnenzeichen oder in den beiden Zeichen davor oder danach. Wenn also bei Ihrer Geburt die Sonne im Widder stand, kann Venus nur in Wassermann, Fisch, Widder, Stier oder Zwilling gestanden haben.

Demgegenüber gilt Mars als »oberer« Planet. Er kreist auf der der Sonne abgewandten Seite der Erde und kann deshalb zum Zeitpunkt Ihrer Geburt in jedem der zwölf Zeichen gestanden haben.

Auf den folgenden Seiten 24-45 wird beschrieben, wie Mars und Venus auf unser Gefühls- und Sexualleben Einfluss nehmen. Um herauszufinden, in welchem Tierkreiszeichen die Planeten zum Zeitpunkt Ihrer Geburt standen, schlagen Sie bitte in den Tabellen auf Seite 52-61 nach. Dann blättern Sie zurück zu Seite 24 und lesen weiter.

IHR GEFÜHLSLEBEN

DER PLANET VENUS STEHT FÜR LIEBE, HARMONIE UND ÜBEREINSTIMMUNG. (AUF SEITE 52-57 LESEN SIE, IN WELCHEM TIERKREISZEICHEN DIE VENUS BEI IHRER GEBURT STAND.)

VENUS IM WASSERMANN

Venus im Wassermann verleiht Ihnen eine unwiderstehliche Aura, die aber auch leicht unnahbar wirkt. Zukünftige Partner werden zunächst angezogen von Ihrem Charme und Ihrer freundlichen Art. Um so erstaunter sind sie, wenn Sie in dem Moment, wo die Atmosphäre sich bereits erwärmt zu haben scheint, sich überraschend wieder zurückziehen und kühl und verschlossen reagieren.

Diese plötzliche Verschlossenheit entspringt dem Einfluss des Wassermanns. Wenn Sie unter Venus im Wassermann geboren wurden, haben Sie Furcht vor Ihren eigenen Gefühlen. Obwohl Sie durchaus die für den Widder typische Leidenschaftlichkeit besitzen, bekommen Sie es beispielsweise mit der Angst zu tun, wenn Ihr Partner Ihre Beziehung zu einem Bund fürs Leben machen will. Selbst wenn Sie den anderen über alles lieben, wollen Sie Ihre Freiheit nicht ganz verlieren, sondern sich einen Rest von Eigenständigkeit bewahren.

Sie verabscheuen jede Art von Falschheit, sowohl an sich als auch an anderen. Diese Wahrheitsliebe ist lobenswert, kann das Leben aber auch ganz schön schwierig machen. In einer Beziehung hüten Sie eifersüchtig Ihre Unabhängigkeit. Ihre Ehrlichkeit und Offenheit kann für den anderen niederschmetternd sein, wenn Sie ihm beispielsweise erzählen, jemand anderer sei attraktiver als er. Bei eifersüchtigen Partnern können Sie damit heftigen Ärger heraufbeschwören.

Wenn Ihre Beziehung funktionieren soll, muss Ihr Partner Verständnis für Ihren Freiheitsdrang haben. Doch Ihr Unabhängigkeitsstreben könnte bei ihm den Eindruck hervorrufen, Sie kümmerten sich nur um sich selbst. Um dies zu vermeiden sollten Sie Ihren Partner öfters Ihrer Liebe versichern und ihn mit allen Zeichen Ihrer Liebe umgeben. Lassen Sie ihn nicht im Ungewissen. Durch Ihre offene, ehrliche Art mit dem Partner zu reden können Sie seine Ängste und Befürchtungen zerstreuen.

Widder gelten als selbstsüchtig und wollen immer die erste Geige spielen. Unterdrücken Sie diesen unschönen Zug in sich. Überlassen Sie sich lieber dem großmütigen und romantischen Teil Ihres Wesens und überraschen Sie den Partner öfter mal mit unerwarteten Geschenken, spontanen Unternehmungen und viel zärtlicher Aufmerksamkeit.

VENUS IN DEN FISCHEN

Diese Konstellation verspricht harmonische Ergänzung: Die Venus bremst das überschäumende Temperament und Ungestüm des Widders und lindert mit den sanften Attributen des Wasserzeichens Fische die hitzige Glut des Feuerzeichens.

Venus in den Fischen verleiht Ihnen Anteilnahme, Verständnis und Zartgefühl; Wesenszüge, die sonst nicht unbedingt Sache des Widders sind und die Sie überaus verführerisch wirken lassen. Sie macht Sie auch kompromissbereiter und weniger rechthaberisch und ungeduldig.

Der Einfluss der Fische schmälert nicht Ihre sexuelle Leidenschaft. Im Gegenteil, er verleiht Ihrer Persönlichkeit einen Hauch von Poesie und Romantik und macht Sie dadurch noch unwiderstehlicher. Sie sind ein unternehmungslustiger, aber dennoch feinfühliger Partner, der stets Rücksicht auf die Gefühle und das Wohlbefinden des anderen nimmt und bestrebt ist ihn glücklich zu machen.

Ihr Sinn für Romantik kommt besonders in der Wahl des Schauplatzes für Ihre Rendezvous zum Ausdruck. Andere Widder mögen sich mit dem Rücksitz eines Autos begnügen – Sie mögen es eleganter und vor allem bequemer. Luxus und Behaglichkeit sind Ihnen so wichtig, dass Sie dabei keine Kosten scheuen. Aber manchmal sollten Sie Ihre Extravaganz etwas bremsen, denn Ihrem Portemonnaie tut das gar nicht gut.

Widder können sich beängstigend schnell verlieben. Mit Venus in den Fischen sind Sie jedoch weniger impulsiv und denken erst nach, bevor sie sich an jemanden binden. Sie handeln maßvoller und sind nicht ganz so stürmisch wie andere Widder und betrachten eine Situation erst von allen Blickwinkeln, bevor sie jemand ihre Liebe gestehen.

Der besondere Enthusiasmus des Widders gibt Ihnen die Fähigkeit Ihren Partner inspirieren und motivieren zu können, ihn bei neuen Projekten zu ermutigen und in allen Bereichen seines Lebens zu unterstützen. Dies ist eine nicht zu unterschätzende Eigenschaft, denn absolutes Zutrauen zu sich und dem Partner ist ein wesentlicher Baustein für eine glückliche Beziehung. Beim Widder schlummern Maßlosigkeit und Selbstsucht immer unter der Oberfläche. Sie dürften jedoch dank der Liebenswürdigkeit und Großzügigkeit der Fische bei Ihnen kaum zum Zuge kommen. Widder-Leidenschaft und intuitives Zartgefühl der Fische verbinden sich in Ihnen zu einer unwiderstehlichen Mischung und machen Sie in der Liebe zu einem sinnlichen, fürsorglichen und doch leidenschaftlichen Partner.

VENUS IM WIDDER

Sie sind als Widder, der auch noch unter der Venus im Widder geboren wurde, ein Widder par excellence. Das zeigt sich besonders dann, wenn Sie verliebt sind. Sie sind überschwänglich und extravagant und scheuen weder Kosten noch Mühen um dem anderen zu gefallen. Jeder, der mit ihnen zusammen ist, soll sich genau so wohl fühlen wie Sie selbst. Damit laufen Sie allerdings Gefahr, dass sich der andere zurücklehnt und nur noch von Ihnen verwöhnen lässt anstatt Ihre Gefühle zu erwidern.

Widder können sich wie ein Blitz aus heiterem Himmel verlieben – diese Eigenschaft trifft auf Sie gleich doppelt zu. Ihre Spontanität und Leidenschaft wirken zwar ansteckend, aber Sie handeln doch oft ein wenig Hals über Kopf. Sie selbst glauben immer daran, dass Ihre Gefühle echt sind, egal wie kurz der Augenblick Ihres Kennenlernens dauerte. Alles kann bei Ihnen zum Auslöser einer Verliebtheit werden – ein Lächeln, eine winzige Kopfbewegung oder gar nur die zufällige Begegnung zweier Augenpaare in einem überfüllten Raum. Lernen Sie Ihren potentiellen Partner dann näher kennen, müssen Sie oft feststellen, dass Sie weder zusammenpassen noch sonst miteinander harmonieren.

Ihr ungestümes Temperament geht manchmal mit Ihnen durch und wenn Sie jemandem begegnen, der Ihnen gefällt, sollten Sie sich besser ein wenig zürückhalten. Manche Menschen sind vorsichtiger und ängstlicher als Sie und könnten sich von Ihren stürmischen Annäherungsversuchen überfahren fühlen. Wenn Sie eine wirklich erfolgreiche, dauernde Beziehung anstreben, sollten Sie mit mehr Verstand vorgehen. Lassen Sie sich Zeit – das hilft auch Ihrem Partner und hält Sie von Versprechen ab, die Sie später bereuen könnten. Widerstehen Sie auch der

Versuchung den anderen sofort in Ihr Bett zu zerren und warten Sie, bis Ihr potentieller Partner auch bereit dazu ist.

Der typische Widder ist einem schnellen Abenteuer niemals abgeneigt. Rasche Eroberungen samt anschließendem eiligen Rückzug um lästigen Vorhaltungen oder etwaigen unangenehmen Konsequenzen aus dem Weg zu gehen – das ist sein Metier.

Sie sollten aber Ihrem Partner nicht zu viel Kummer verursachen. Nehmen Sie Rücksicht auf seine Gefühle und achten Sie darauf, dass Sie nicht zu selbstsüchtig reagieren. Fragen Sie sich selbst von Zeit zu Zeit ehrlich, ob Sie Ihre eigenen Bedürfnisse und Interessen vor die des Partners setzen oder nicht. Und vielleicht stellen Sie überrascht fest, dass er Ihnen einiges zu bieten hat – wenn er mal zum Zug kommt.

VENUS IM STIER

Astrologisch gesehen »regiert« Venus den Stier. Deshalb ist ihr Einfluss besonders groß, wenn sie in diesem Zeichen steht.

Wenn Venus bei Ihrer Geburt im Stier stand, besitzen Sie viel Charme und ein großes Herz, das ein reiches Maß an offener, ehrlicher Zuneigung zu verschenken hat. Dem ungestümen Temperament des Widders verleiht die Zärtlichkeit des Stiers in der Venus eine sanfte Komponente – ohne jedoch seine leidenschaftliche Intensität zu schmälern, ganz im Gegenteil – und macht Sie für Ihren Partner noch anziehender und erotischer.

Dem Einfluss der Venus im Stier haben Sie es zu verdanken, dass Sie sehr viel vorsichtiger sind als andere Widder. Es kann Ihnen kaum passieren, dass Sie sich aus heiterem Himmel in eine Affäre stürzen, bloß weil Sie jemand attraktiv finden. Sie handeln besonnen und überlegt, auch bei der Wahl Ihres Partners.

Es macht Ihnen Freude anderen Vergnügen zu bereiten. Ideal wäre es, wenn Ihr Partner Ihre Vorliebe für gutes Essen und gute Unterhaltung teilt. Sie sind ein aufmerksamer Zuhörer, den Freunde und Liebespartner gleichermaßen viel in Anspruch nehmen. Achten Sie aber darauf, dass Sie sich nicht zu sehr in Beschlag nehmen lassen. Wenn Sie zu nachgiebig sind, werden Sie womöglich ausgenutzt.

Es könnte sein, dass Sie manchmal etwas zu besitzergreifend reagieren. Widder neigen von Natur aus dazu, selbstsüchtig zu sein. Wenn Sie aber alles für sich vereinnahmen wollen, können keine guten Beziehungen gedeihen. Kein Mensch möchte als Besitz eines anderen verstanden werden. Ihre Eifersucht kann dazu führen, dass sich Ihr Partner von Ihnen eingeengt fühlt. Sie

können nicht für sich selbst ein hohes Maß an Freiheit verlangen, das Sie dem anderen nicht zugestehen wollen.

Das Wichtigste, was Sie tun können, wenn diese Probleme auftreten, ist, dass Sie sich darüber bewusst werden. Dann sind Sie auch eher in der Lage, Unstimmigkeiten und Streit mit Ihrem Partner über diese Fragen gemeinschaftlich auszuräumen.

Stiere lieben den Luxus und verwöhnen sich gerne mit schönen Dingen. Von der Venus im Stier haben Sie dieses sinnliche Empfinden geerbt. Sie genießen alles, was es zu genießen gibt, und das am liebsten gemeinsam mit Ihrem Partner.
Die körperliche Intimität spielt für Sie in der Beziehung eine große Rolle. Sie sind ein ausdauernder, behutsamer und überaus zärtlicher Partner.

Venus in den Zwillingen

Die Leidenschaft des Widders erhält durch den Einfluss des unbekümmerten Zwilling mehr Leichtigkeit und eine breitere Ausrichtung: Freundschaft und Spaß in einer Beziehung sind Ihnen nämlich fast ebenso wichtig wie sexuelle Erfüllung.

Sie achten vor allem auch auf gemeinsame Vorlieben und Interessen. Einen gewissen gesunden Wettbewerb halten Sie auch in der Partnerschaft für sinnvoll. Sie erwarten vom anderen, dass er Ihnen Herausforderungen bietet, sowohl in körperlicher als auch in intellektueller Hinsicht.

Obwohl Sie durch die Venus im Zwilling über einen betörenden Charme und eine bezaubernde Lebendigkeit verfügen, ergeben sich bei dieser Planetenkonstellation auch Probleme. Zwillinge sind von Natur aus ruhelos und ein wenig polygam veranlagt. Es könnte sein, dass das auf Sie abfärbt und Sie mehrere Beziehungen gleichzeitig haben. Das kann Sie in ernste Schwierigkeiten bringen.

Widder sind manchmal selbstsüchtig und maßlos – wahrscheinlich müssen Sie ständig gegen die Versuchung ankämpfen Ihrem Partner untreu zu werden. Sie betrachten die Liebe eher von einer spielerischen Warte aus und können es nicht verstehen, wenn andere alles so ernst nehmen. Wenn Sie bei einem Seitensprung ertappt werden, wenden Sie Ihren ganzen Charme auf um sich aus der peinlichen Situation wieder herauszuwinden. Beim ersten oder zweiten Mal dürften Ihnen noch gute Ausreden einfallen. Vielleicht aber sollten Sie irgendwann offen und ehrlich mit Ihrem Partner über das Problem sprechen. Da die Zwillinge von Merkur, dem Planet der Kommunikation, regiert werden, dürfte Ihnen das nicht schwer fallen.

Obwohl Sie alle typischen Elemente des leidenschaftlichen Widders in sich vereinigen, sind Sie durch den Zwillinge-Einfluss weniger emotional und einfühlsam. Sie können eine Affäre haben ohne große Gefühle darin zu investieren und sind dann erstaunt, irritiert oder sogar gereizt, wenn sich der oder die andere tatsächlich in Sie verliebt. Erst wenn Sie selber eines Tages verliebt sind und abgewiesen werden, können Sie nachvollziehen, wie sehr man den anderen mit solch einer Haltung verletzen kann.

Sie haben gern lebhafte und gesellige Menschen um sich herum. Was Sie anzieht, ist nicht so sehr körperliche Schönheit, als vielmehr Humor, Fröhlichkeit und Wissbegierde. Dann sind auch die Voraussetzungen günstig, dass Ihr ruheloses Herz sich einmal für längere Zeit bindet.

IHR SEXUALLEBEN

DER PLANET MARS BEEINFLUSST DIE KÖRPERLICHE, SEXUELLE ENERGIE. (AUF SEITE 58-61 LESEN SIE, IN WELCHEM TIERKREISZEICHEN DER MARS BEI IHRER GEBURT STAND.)

MARS IM WIDDER

Die Vehemenz und Leidenschaft des Mars im Widder verstärkt Ihr ohnehin temperamentvolles Sexualverhalten noch; das Ergebnis könnte womöglich recht explosiv sein.

Sie haben ein erhöhtes sexuelles Verlangen und fühlen sich frustriert und unzufrieden, wenn Sie Ihre Energie nicht ausleben können. Sie sind ein dynamischer und leidenschaftlicher Partner, der aber auch mehr als andere Widder die Tendenz zur Selbstsucht in sich vereinigt. Achten Sie mehr auf die sexuellen Bedürfnisse Ihres Partners.

Trotz Ihres etwas unberechenbaren Temperaments können Sie warmherzig und liebevoll sein; zeigen Sie das ruhig öfter.

MARS IM STIER

Mars im Stier unterstützt Ihre starke Libido und sorgt zusätzlich für Wärme und Zärtlichkeit in Ihrer Beziehung. Es könnte allerdings sein, dass Sie Ihrem Partner gegenüber ein wenig zu besitzergreifend auftreten.

Der Stier gilt als geduldig, daher sind Sie weniger aufbrausend als andere Widder, aber wenn Ihr Adrenalinspiegel einmal steigt, halten Sie nicht mit Ihrer Meinung hinter dem Berg.

Doch Vorsicht: Wilde Temperamentsausbrüche können Ihnen zwar Erleichterung verschaffen, aber auch Ihre Beziehung ruinieren.

Die Tatkraft des Stiers und die Energie des Widders führen bei Ihnen dazu, dass Sie Arbeiten schnell und gründlich erledigen und ein geschickter Handwerker sind.

Allerdings sind Stiere auch ein wenig stur und ihre Neigung zur Routine könnte dazu führen, dass Ihr Sexualleben recht eintönig ist. Überraschen Sie Ihren Partner zuweilen mit neuen Ideen und lassen Sie nicht zu, dass die Beziehung einschläft.

MARS IN DEN ZWILLINGEN

Durch den Einfluss der Zwillinge verlieben Sie sich schneller und heftiger als andere Widder. Sie treten sehr energisch und selbstbewusst auf und gewinnen das Herz potentieller Partner mit Witz und Charme.

Mars ist von Ruhelosigkeit geprägt, wenn er in den Zwillingen erscheint. Daher erwarten Sie von einer Beziehung rasche Fortschritte. Auch wenn die Partnerschaft gefestigt ist, legen Sie Wert darauf, dass sie lebendig und voller Herausforderungen bleibt, auch im sexuellen Bereich. Denn wenn die Beziehung Sie nicht mehr fordert, suchen Sie den Thrill woanders und das könnte dazu führen, dass Sie untreu werden.

Ohnedies könnten Sie eine starke Versuchung fühlen mehrere Partner gleichzeitig zu haben, selbst wenn das zu Komplikationen führt. Die Sexualität des Widders ist einfach sehr stark und obwohl der Zwilling als relativ leidenschaftsloses Zeichen gilt, wird Ihr erotisches Temperament durch Mars in den Zwillingen kaum gemildert.

MARS IM KREBS

Mars im Krebs betont Ihre gefühlvolle Seite sehr stark. Sie sind ein sensibler, fürsorglicher Partner, der sehr auf die Bedürfnisse des anderen achtet und bemüht ist sie zu erfüllen. Achten Sie aber darauf, dass Sie nicht überfürsorglich werden, damit Ihr Partner noch genügend Luft zum Atmen hat.

Der Krebs-Einfluss entfacht in Ihnen ein starkes Bedürfnis nach emotionaler Sicherheit. Sie brauchen den ständigen sexuellen Kontakt als Bestätigung, dass Sie geliebt und begehrt werden. Ihr Zuhause besitzt große Bedeutung für Sie. Ihnen ist es wichtig ein Heim für sich und den Partner zu schaffen. Nebenbei gesagt fördert Mars, wenn er im Krebs steht, die Fruchtbarkeit.

Wenn Widder-Temperament und Überempfindlichkeit des Krebses aufeinander treffen, kann das zu heftigen Ausbrüchen führen. Sind Sie wütend, werden Sie leicht grausam und verletzen andere mit Ihren scharfen Bemerkungen. Halten Sie Ihre Zunge in Zaum.

MARS IM LÖWEN

Die grenzenlose Energie des Widders wird durch Mars im Löwen noch verstärkt. Sie sind ein äußerst lebhafter und temperamentvoller Gefährte.

Sie sind gerne verliebt und wollen, dass Ihr Partner sich genauso wohl fühlt wie Sie. Sex zählt für Sie zu den schönsten Dingen im Leben, Sie betreiben ihn mit Leidenschaft und Ausdauer. Da Sie selbst Luxus lieben, wird Ihr Partner von Ihnen stets verwöhnt; sei es mit Essen und Trinken oder anderen schönen Dingen.

Wahrscheinlich haben Sie – ohne böse Absicht – in der Beziehung den dominanten Part übernommen, besonders wenn Ihr Partner weniger extrovertiert ist als Sie. Diese typische Tendenz des Löwen sich in den Vordergrund zu drängen sollten Sie bei sich kontrollieren. Zu viel Dominanz gefährdet die Partnerschaft.

Trotz Ihres hitzigen Temperaments können Sie niemandem lange böse sein und sind auch nicht nachtragend. Böse Worte oder Streitereien sind schnell wieder vergessen.

MARS IN DER JUNGFRAU

Es könnte sein, dass der Jungfrau-Einfluss Ihnen ein hohes Maß an nervöser Energie beschert. Fällt es Ihnen schwer sich zu entspannen, weil Sie sich nie Ruhe gönnen und stets aktiv sind? Hektik und Stress sind Gift für eine Beziehung und wenn Sie sich nie Zeit nehmen, werden Sie auch keine befriedigende Partnerschaft erleben.

Wahrscheinlich besitzen Sie wie alle Widder eine starke Libido, doch fällt es ihnen schwer Ihre Wünsche offen auszusprechen. Der Einfluss der Jungfrau wirkt hier hemmend. Die ersten Phasen einer Beziehung sind immer spannend – lassen Sie sich also nicht nervös machen, sondern leiten Sie diese Spannung um in positive Energie. Folgen Sie einfach Ihrem Instinkt anstatt ihn zu unterdrücken.

Jungfrauen gelten als sehr kritisch und wählerisch; dies färbt auch auf Sie ab. Achten Sie darauf, dass Ihr kritischer Verstand über die spontane Sexualität des Widders nicht triumphiert und dass Sie den Partner in allem, was er tut, nicht ständig beurteilen.

MARS IN DER WAAGE

Die feurige Dynamik des Mars wird im Zeichen der Waage erheblich gedämpft und das hat auch Auswirkungen auf Ihre sexuelle Energie. Sie sind manchmal ein wenig träge, wenn es um erotische Aktivitäten geht, und lassen sich sogar öfters Ausreden einfallen um nicht von sich aus aktiv werden zu müssen. Wenigstens ab und zu sollten Sie aber doch auch mal selbst die Initiative ergreifen.

Dabei sind Sie durchaus kein langweiliger Liebespartner, wenn Sie einmal bei der Sache sind. Wenn Sie in die richtige Stimmung geraten, können Sie ein sehr leidenschaftlicher und einfallsreicher Partner sein. Mit Ihrem Sinn für Poesie und Romantik und Ihrem bezaubernden Idealismus bereichern Sie jede Beziehung.

Achten Sie darauf, dass der Einfluss der Waage die kraftvolle Sexualität des Widders, die in Ihnen steckt, nicht allzu sehr bremst. Nutzen Sie vielmehr die harmonischen Waage-Attribute dazu, die schroffen Eigenschaften des Widders abzumildern.

MARS IM SKORPION

Wenn die Energie des Skorpions durch den feurigen Mars auf die lebhafte Persönlichkeit des Widders trifft, sprühen die Funken.

In dieser Konstellation liegt ein wunderbares Potential. Wenn es Ihnen gelingt, Ihre Gefühle immer in positive Bahnen zu lenken, hat Ihr Partner keinerlei Grund zur Beschwerde.

Unter Umständen könnte Eifersucht ein Problem in Ihrer Beziehung werden. Hier ist Selbsterkenntnis der erste Weg zur Besserung. Geben Sie ruhig zu, dass Sie manchmal ohne Grund eifersüchtig sind. Das hilft Ihnen mit diesem destruktiven Gefühl besser umzugehen.

Die Libido des Widders wird durch den Mars im Skorpion verstärkt. Wenn Ihnen das Ausleben Ihrer sexuellen Energie versagt wird, werden Sie unzufrieden, unruhig und unglücklich.

Die Genitalregion wird vom Skorpion regiert. Reden Sie bei etwa auftretenden gesundheitlichen Störungen umgehend mit Ihrem Arzt.

MARS IM SCHÜTZEN

Diese Sternenkombination schenkt Ihnen eine Menge zusätzlicher physischer Energie. Können Sie die nicht auf positive Weise ausleben, werden Sie ruhelos und unzufrieden.

Der Einfluss des Schützen erhöht auch Ihren sexuellen Appetit, sodass Sie stets nach potentiellen Partnern Ausschau halten und auch Abenteuern nicht abgeneigt sind. Finden Sie in Ihrer Beziehung keine sexuelle Befriedigung, suchen Sie sie woanders.

Schützen sind sehr schnell gelangweilt. Ihr Sexualleben braucht eine Menge Abwechslung – nichts ist tödlicher für Sie als Sex in vorhersehbarer, immer gleicher Form. Sie lieben fantasievollen, experimentierfreudigen Sex und kennen keinerlei Vorbehalte oder Hemmungen.

Sie sind ein sehr zärtlicher und aufmerksamer Liebespartner. Wenn Ihr Partner es versteht Sie zu stimulieren und über einen ähnlich starken sexuellen Appetit verfügt wie Sie, sind Sie das perfekte Paar.

MARS IM STEINBOCK

Wenn Mars bei Ihrer Geburt im Steinbock stand, sind Sie vermutlich ein besonders resoluter, energischer Mensch. Wenn Sie sich verlieben, möchten Sie immer gleich Nägel mit Köpfen machen. Als Widder neigen Sie dazu, aus allem einen Wettkampf zu machen, selbst aus der Partnersuche.

Obwohl es so aussieht, als seien Sie kühl und beherrscht, besitzen Sie einen ausgeprägten Sinn für Erotik und lieben körperlichen Kontakt. Sie schätzen Ihre persönliche Ehre sehr hoch ein, und die ruhige Zurückhaltung, die Sie an den Tag legen, rührt hauptsächlich von Ihrer Angst her von anderen womöglich abgelehnt zu werden.

Haben Sie Ihren Partner dann erobert, kann es sein, dass Sie plötzlich nicht mehr wieder zu erkennen sind. Waren Sie anfangs die Aufmerksamkeit selbst, ist Ihnen mit einem Mal Ihre Karriere wichtiger als Ihr Partner. Sie sollten darauf achten, dass Sie den anderen nicht allzu sehr vernachlässigen, sonst könnte es sein, dass Sie bald wieder solo sind.

MARS IM WASSERMANN

Der Wassermann-Einfluss dämpft Ihre Glut etwas. Sie sind dadurch zwar weniger leidenschaftlich, dafür aber viel ausgeglichener und zufriedener mit Ihrem Liebesleben, was sich äußerst wohltuend auf die sonst eher hektische und launenhafte Betriebsamkeit üblicher Widder-Beziehungen auswirkt.

Zu Beginn einer Beziehung werden Sie vielleicht empfinden, dass Ihr Partner sehr viel stärker an Ihnen interessiert ist als Sie an ihm.

Bedingt durch den Wassermann-Einfluss legen Sie großen Wert auf Ihre Freiheit, sodass Sie anfangs nicht unbedingt erpicht sind auf eine dauerhafte, feste Bindung.

Sie haben Spaß an Sex und experimentieren gern, auch wenn Ihr erotisches Temperament durch Mars im Wassermann leicht eingeschränkt ist. Dafür sind Sie aber auch nicht so egoistisch wie andere Widder. Sie streben danach, Ihren Partner glücklich zu machen, und denken nicht in erster Linie an sich selbst – die besten Voraussetzungen für eine harmonische und glückliche Partnerschaft.

MARS IN DEN FISCHEN

Mars in den Fischen schenkt Ihnen Sinnlichkeit, Leidenschaft und Zärtlichkeit und heizt Ihre Emotionen gewaltig auf. Da Widder überaus temperamentvoll und sexy sind, kann niemand, der mit Ihnen zusammen war, sich je beschweren, Sie hätten ihn sexuell oder emotional verachlässigt.

Probleme könnte es geben, wenn Ihr Überschuss an emotionaler und sexueller Energie nicht in die richtigen Bahnen gelenkt wird. Sie sollten viel Sport treiben und Ihre sexuellen Bedürfnisse nie unterdrücken. Wenn ihre sexuelle Aktivität eingeschränkt wird, reagieren Sie sehr unausgeglichen und frustriert.

Sie sind ein leidenschaftlicher, erfahrener und überaus erotischer Partner. Sex spielt in Ihrem Leben eine zentrale Rolle. Denken Sie aber daran, dass eine gute Beziehung aus mehr als nur aus Sex besteht. Wenn Sie sich mit Ihrem Partner nur im Bett, nicht aber im Alltag gut verstehen, wird es früher oder später in Ihrer Beziehung kriseln.

GESCHENKE DER LIEBE

DIE ASTROLOGIE ERMÖGLICHT IHNEN NICHT NUR FASZINIERENDE EINBLICKE IN DIE PERSÖNLICHKEIT IHRES PARTNERS, SIE KANN IHNEN AUCH WERTVOLLE HINWEISE GEBEN, WELCHES DIE IDEALEN GESCHENKE FÜR IHREN PARTNER SIND.

AUFFALLEND GEMUSTERTER SEIDENSCHAL

INDISCHER HAARSCHMUCK

Widder

Widder lieben Kleidungsstücke und Accessoires wie Wollpullover oder gemusterte Schals in leuchtenden Farben. Der Widder regiert den Kopf. Deshalb ist ein ungewöhnlicher Haarschmuck ebenfalls ein passendes Geschenk.

PILLENDÖSCHEN AUS PORZELLAN

BELGISCHE PRALINEN

Stier

Für Stiere kommt Qualität vor Quantität. Handbemaltes Porzellan oder erlesene Pralinen werden sie begeistern.

KANDIERTE MANDELN

Zwillinge

Über eine hübsche Schachtel mit exotischen Nüssen freuen sich Zwillinge garantiert.

Herzförmige Seife

Krebs

Krebse mögen Luxusseifen und alles, was aus Perlen besteht, denn die Perle ist der Schmuckstein des Krebses.

Perlenkette

Orientalisches Kissen

Antiker Parfümflakon

Löwe

Ein Original-Gemälde, auffällig gemusterte bestickte Kissen oder ein Flakon mit teurem Parfüm erfreuen das Herz des Löwen.

Geschnitzter afrikanischer Löffel

Kandierte Früchte

Jungfrau

Die Jungfrau freut sich über alles, was aus Holz und anderen Naturmaterialien gemacht ist. Eine Schachtel mit kandierten Früchten freut sie ebenfalls.

Geschenke der Liebe

Waage

Waagen freuen sich über Brett- oder Kartenspiele. Da sie sehr romantisch sind, lieben sie auch Videos von Filmklassikern oder eine Kino-Einladung.

Spiel-brett

Filmposter

Gemusterte Zahnbürste

Parfümiertes Badeöl

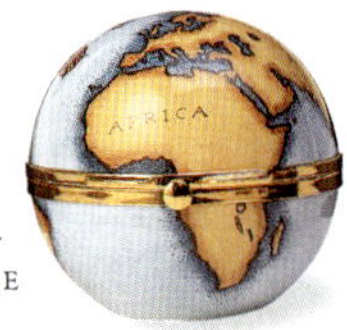

Handbemalte Pillendose

Skorpion

Der Skorpion ist ein Wasserzeichen und freut sich über wohlriechende Badeöle oder andere Badezimmer-Utensilien. Auch mit einem Ledergürtel oder einer Lederbörse kann man ihm Freude bereiten.

Schütze

Der abenteuerlustige Schütze reist leidenschaftlich gern und freut sich stets über Reiseliteratur oder alte Landkarten, Globen und Kompasse.

KERZEN MIT HERZMUSTER

EFEU

SCHMETTERLINGS-BROSCHE

Steinbock

Elegante Kerzen oder ein antiker silberner Bilderrahmen sind passende Geschenke für den wählerischen Steinbock. Als Pflanze bevorzugt er Efeu.

DEKORATIVE MUSCHEL

Wassermann

Glitzernder Modeschmuck oder handgefertigte, moderne Keramik sind das Richtige für den Wassermann.

KERAMIK-TASSE

Schmucksteine

DIAMANT

Schenken Sie Ihrem Partner den Schmuckstein, der zu seinem Sonnenzeichen passt:

WIDDER: *Diamant*
STIER: *Smaragd*
ZWILLING: *Achat* · KREBS: *Perle*
LÖWE: *Rubin* · JUNGFRAU: *Sardonyx*
WAAGE: *Saphir* · SKORPION: *Opal*
SCHÜTZE: *Topas*
STEINBOCK: *Amethyst*
WASSERMANN: *Aquamarin*
FISCHE: *Mondstein*

ITALIENISCHE CLOWNSMASKE

Fische

Eine dekorative Maske passt zur verschlossenen Natur der Fische. Auch über eine schöne Muschel freut er sich.

IHRE FESTE BEZIEHUNG

DER ÜBERSCHWÄNGLICHE, ENGAGIERTE WIDDER IST EIN GROSSZÜGIGER UND LEIDENSCHAFTLICHER PARTNER, SOFERN ER ES SCHAFFT SEINE NEIGUNG ZUR SELBSTSUCHT ZU ÜBERWINDEN.

Durch ihre natürliche Lebhaftigkeit und ihre unbekümmerte Begeisterung für Sex sind Widder ideale Partner für eine dauerhafte Beziehung. Ihr Optimismus und Enthusiasmus sind äußerst liebenswerte Charakterzüge.

Widder überfällt von Zeit zu Zeit das Verlangen ihr Leben total zu ändern. Dies kann dazu führen, dass sie eine Beziehung eingehen ohne vorher groß darüber nachgedacht zu haben. Sie verlieben sich in Windeseile und sind Sie einmal verliebt, setzen Sie Himmel und Hölle in Bewegung, um das Objekt Ihrer Begierde zu erobern. Die Folge davon ist, dass Sie erst im fortgeschrittenen Stadium Ihrer Beziehung den anderen tatsächlich kennen lernen und vielleicht auch Dinge entdecken, die Ihnen weniger gefallen.

Widder sind sehr ehrgeizig und müssen aus allem und jedem einen Wettbewerb machen – aus dem sie natürlich als Gewinner hervorgehen wollen. Eine Portion Ehrgeiz ist zwar ganz gesund; Sie sollten aber darauf achten, dass Sie nicht so viel Zeit in Ihre Arbeit und Ihre Hobbys stecken, dass Sie den Partner darüber vernachlässigen. Der berufliche Erfolg sollte nicht Ihr privates und häusliches Glück gefährden.

Die größte Schwäche des Widders ist sein Egoismus. Dieser unschöne Charakterzug offenbart sich auf vielerlei Weise und kann erhebliche Probleme verursachen. Sie merken es selber leider oft nicht, wenn Sie sich egoistisch und rücksichtslos verhalten, und verstehen deshalb auch nicht, wenn Ihr Partner Ihnen Ihr selbstbezogenes Verhalten vorwirft. Pflegen Sie gemeinsame Interessen

Zu neuen Ufern

Das Gemälde von Caspar David Friedrich zeigt ein frisch vermähltes Paar, das in einem Segelschiff einer strahlenden, aber ungewissen Zukunft entgegenfährt.

und Hobbys, damit Sie möglichst viel Zeit zusammen verbringen und lernen, emotionale Erfüllung und Zufriedenheit in Ihrer Partnerschaft zu finden anstatt sie nur außerhalb und im Beruf zu suchen.

Sie müssen danach trachten, in allen Bereichen Ihres Lebens für Ausgewogenheit zu sorgen. Widmen Sie Ihrem Partner ebenso viel Zeit, wie Sie für Ihre eigenen Interessen in Anspruch nehmen. Manchmal kann es allerdings nötig sein die eigenen Angelegenheiten zu vergessen und sich ganz dem Partner zu widmen, ihm zur Seite zu stehen und ihn zu unterstützen. Wenn Ihnen das gelingt, werden Sie der liebevollste und aufmerksamste Partner sein, den man sich wünschen kann.

VENUS- & MARS-TABELLEN

DIESE TABELLEN SAGEN IHNEN, IN WELCHEM ZEICHEN VENUS UND MARS ZUM ZEITPUNKT IHRER GEBURT GESTANDEN HABEN. AUF DEN SEITEN 24-45 KÖNNEN SIE NACHLESEN, WAS DIESE TATSACHE ÜBER IHR LIEBES- UND SEXUALLEBEN AUSSAGT.

Mit Hilfe der Tabellen auf Seite 53-61 können Sie die Positionen von Venus bzw. Mars zum Zeitpunkt Ihrer Geburt ermitteln.

Suchen Sie zuerst in der Kopfzeile der nebenstehenden Tabelle Ihr Geburtsjahr, dann, wenn Sie es gefunden haben, in der entsprechenden linken Spalte den Geburtsmonat. Im Schnittpunkt beider Linien finden Sie einige Zahlen und Tierkreissymbole. Die Zahlen und Symbole zeigen Ihnen, in welchem Zeichen der Planet am ersten Tag jenes Monats stand, und an welchem Tag er in ein anderes Zeichen wanderte.

Ein Beispiel: Um herauszufinden, in welchem Zeichen Venus am 10. Mai 1968 stand, fahren Sie mit dem Finger die Spalte des Jahres 1968 ab, bis Sie zum Monat Mai gelangen. Die dortigen Zahlen und Symbole besagen, dass Venus am 1. Mai im Widder stand, am 4. Mai in den Stier wanderte und am 28. Mai in die Zwillinge wechselte. Demnach stand die Venus am 10. Mai im Stier.

Falls einer der Planeten an Ihrem Geburtstag in ein anderes Zeichen gewandert ist, könnte es sein, dass sich die Positionen von Venus und Mars nicht völlig präzise bestimmen lassen. Trifft die einschlägige Charakterisierung auf Sie nicht zu, lesen Sie bitte, was über das vorherige bzw. nachfolgende Zeichen gesagt wurde. Eines der Zeichen ist dann bestimmt zutreffend.

TIERKREISZEICHEN

♈ WIDDER	♎ WAAGE
♉ STIER	♏ SKORPION
♊ ZWILLINGE	♐ SCHÜTZE
♋ KREBS	♑ STEINBOCK
♌ LÖWE	♒ WASSERMANN
♍ JUNGFRAU	♓ FISCHE

♀	1921	1922	1923	1924	1925	1926	1927	1928
JAN	1 ♒ 7 ♓	1 ♑ 25 ♒	1 ♏ 3 ♐	1 ♒ 20 ♓	1 ♐ 15 ♑	1 ♒	1 ♑ 10 ♒	1 ♏ 5 ♐ 30 ♑
FEB	1 ♓ 3 ♈	1 ♒ 18 ♓	1 ♐ 7 ♑ 14 ♒	1 ♓ 14 ♈	1 ♑ 8 ♒	1 ♒	1 ♒ 3 ♓ 27 ♈	1 ♑ 23 ♒
MÄR	1 ♈ 8 ♉	1 ♓ 14 ♈	1 ♑ 7 ♒	1 ♈ 10 ♉	1 ♒ 5 ♓ 29 ♈	1 ♒	1 ♈ 23 ♉	1 ♒ 19 ♓
APR	1 ♉ 26 ♈	1 ♈ 7 ♉	1 ♒ 2 ♓ 27 ♈	1 ♉ 6 ♊	1 ♈ 22 ♉	1 ♒ 7 ♓	1 ♉ 17 ♊	1 ♓ 12 ♈
MAI	1 ♈	1 ♉ 2 ♊ 26 ♋	1 ♈ 22 ♉	1 ♊ 7 ♋	1 ♉ 16 ♊	1 ♓ 7 ♈	1 ♊ 13 ♋	1 ♈ 7 ♉ 31 ♊
JUN	1 ♈ 3 ♉	1 ♋ 20 ♌	1 ♉ 16 ♊	1 ♋	1 ♊ 10 ♋	1 ♈ 3 ♉ 29 ♊	1 ♋ 9 ♌	1 ♊ 24 ♋
JUL	1 ♉ 9 ♊	1 ♌ 16 ♍	1 ♊ 11 ♋	1 ♋	1 ♋ 4 ♌ 29 ♍	1 ♊ 25 ♋	1 ♌ 8 ♍	1 ♋ 19 ♌
AUG	1 ♊ 6 ♋	1 ♍ 11 ♎	1 ♋ 4 ♌ 28 ♍	1 ♋	1 ♍ 23 ♎	1 ♋ 19 ♌	1 ♍	1 ♌ 12 ♍
SEP	1 ♌ 27 ♍	1 ♎ 8 ♏	1 ♍ 22 ♎	1 ♋ 8 ♌	1 ♎ 17 ♏	1 ♌ 12 ♍	1 ♍	1 ♍ 5 ♎ 30 ♏
OKT	1 ♍ 21 ♎	1 ♏ 11 ♐	1 ♎ 16 ♏	1 ♌ 8 ♍	1 ♏ 12 ♐	1 ♍ 6 ♎ 30 ♏	1 ♍	1 ♏ 24 ♐
NOV	1 ♎ 14 ♏	1 ♐ 29 ♏	1 ♏ 9 ♐	1 ♍ 3 ♎ 28 ♏	1 ♐ 7 ♑	1 ♏ 23 ♐	1 ♍ 10 ♎	1 ♐ 18 ♑
DEZ	1 ♏ 8 ♐	1 ♏	1 ♐ 3 ♑ 27 ♒	1 ♏ 22 ♐	1 ♑ 6 ♒	1 ♐ 17 ♑	1 ♎ 9 ♏	1 ♑ 13 ♒

♀	1929	1930	1931	1932	1933	1934	1935	1936
JAN	1 ♒ 7 ♓	1 ♑ 25 ♒	1 ♏ 4 ♐	1 ♒ 20 ♓	1 ♐ 15 ♑	1 ♒	1 ♑ 9 ♒	1 ♏ 4 ♐ 29 ♑
FEB	1 ♓ 3 ♈	1 ♒ 17 ♓	1 ♐ 7 ♑	1 ♓ 13 ♈	1 ♑ 8 ♒	1 ♒	1 ♒ 2 ♓ 27 ♈	1 ♑ 23 ♒
MÄR	1 ♈ 9 ♉	1 ♓ 13 ♈	1 ♑ 6 ♒	1 ♈ 10 ♉	1 ♒ 4 ♓ 28 ♈	1 ♒	1 ♈ 23 ♉	1 ♒ 18 ♓
APR	1 ♉ 21 ♈	1 ♈ 7 ♉	1 ♓ 27 ♈	1 ♉ 6 ♊	1 ♈ 21 ♉	1 ♒ 7 ♓	1 ♉ 17 ♊	1 ♓ 12 ♈
MAI	1 ♈	1 ♊ 26 ♋	1 ♈ 22 ♉	1 ♊ 7 ♋	1 ♉ 16 ♊	1 ♓ 7 ♈	1 ♊ 12 ♋	1 ♈ 6 ♉ 30 ♊
JUN	1 ♈ 4 ♉	1 ♋ 20 ♌	1 ♉ 15 ♊	1 ♋	1 ♊ 9 ♋	1 ♈ 3 ♉ 29 ♊	1 ♋ 8 ♌	1 ♊ 24 ♋
JUL	1 ♉ 9 ♊	1 ♌ 15 ♍	1 ♊ 10 ♋	1 ♋ 14 ♊ 29 ♋	1 ♋ 4 ♌ 28 ♍	1 ♊ 24 ♋	1 ♌ 8 ♍	1 ♋ 18 ♌
AUG	1 ♊ 6 ♋	1 ♍ 11 ♎	1 ♋ 4 ♌ 28 ♍	1 ♋	1 ♍ 22 ♎	1 ♋ 18 ♌	1 ♍	1 ♌ 12 ♍
SEP	1 ♌ 26 ♍	1 ♎ 8 ♏	1 ♍ 21 ♎	1 ♋ 9 ♌	1 ♎ 16 ♏	1 ♌ 12 ♍	1 ♍	1 ♍ 5 ♎ 29 ♏
OKT	1 ♍ 21 ♎	1 ♏ 13 ♐	1 ♎ 15 ♏	1 ♌ 8 ♍	1 ♏ 12 ♐	1 ♍ 6 ♎ 30 ♏	1 ♍	1 ♏ 24 ♐
NOV	1 ♎ 14 ♏	1 ♐ 23 ♏	1 ♏ 8 ♐	1 ♍ 3 ♎ 28 ♏	1 ♐ 7 ♑	1 ♏ 23 ♐	1 ♍ 10 ♎	1 ♐ 17 ♑
DEZ	1 ♏ 8 ♐ 31 ♑	1 ♏	1 ♐ 2 ♑ 26 ♒	1 ♏ 22 ♐	1 ♑ 6 ♒	1 ♐ 17 ♑	1 ♎ 9 ♏	1 ♑ 12 ♒

Venus-Tabellen

♀	1937	1938	1939	1940	1941	1942	1943	1944
JAN	1 ♒ 7 ♓	1 ♑ 24 ♒	1 ♏ 5 ♐	1 ♒ 19 ♓	1 ♐ 14 ♑	1 ♒	1 ♑ 9 ♒	1 ♏ 4 ♐ 29 ♑
FEB	1 ♓ 3 ♈	1 ♒ 17 ♓	1 ♐ 7 ♑	1 ♓ 13 ♈	1 ♑ 7 ♒	1 ♒	1 ♒ 2 ♓ 26 ♈	1 ♑ 22 ♒
MÄR	1 ♈ 10 ♉	1 ♓ 13 ♈	1 ♑ 6 ♒	1 ♈ 9 ♉	1 ♒ 3 ♓ 28 ♈	1 ♒	1 ♈ 22 ♉	1 ♒ 18 ♓
APR	1 ♉ 15 ♈	1 ♈ 6 ♉ 30 ♊	1 ♓ 26 ♈	1 ♉ 5 ♊	1 ♈ 21 ♉	1 ♒ 7 ♓	1 ♉ 16 ♊	1 ♓ 11 ♈
MAI	1 ♈	1 ♊ 25 ♋	1 ♈ 21 ♉	1 ♊ 7 ♋	1 ♉ 15 ♊	1 ♓ 7 ♈	1 ♊ 12 ♋	1 ♈ 5 ♉ 30 ♊
JUN	1 ♈ 5 ♉	1 ♋ 19 ♌	1 ♉ 15 ♊	1 ♋	1 ♊ 8 ♋	1 ♈ 3 ♉ 28 ♊	1 ♋ 8 ♌	1 ♊ 23 ♋
JUL	1 ♉ 8 ♊	1 ♌ 15 ♍	1 ♊ 10 ♋	1 ♋ 6 ♊	1 ♋ 3 ♌ 28 ♍	1 ♊ 24 ♋	1 ♌ 8 ♍	1 ♋ 18 ♌
AUG	1 ♊ 5 ♋	1 ♍ 10 ♎	1 ♋ 3 ♌ 27 ♍	1 ♊ 2 ♋	1 ♍ 22 ♎	1 ♋ 18 ♌	1 ♍	1 ♌ 11 ♍
SEP	1 ♌ 26 ♍	1 ♎ 8 ♏	1 ♍ 21 ♎	1 ♋ 9 ♌	1 ♎ 16 ♏	1 ♌ 11 ♍	1 ♍	1 ♍ 4 ♎ 29 ♏
OKT	1 ♍ 20 ♎	1 ♏ 14 ♐	1 ♎ 15 ♏	1 ♌ 7 ♍	1 ♏ 11 ♐	1 ♍ 5 ♎ 29 ♏	1 ♍	1 ♏ 23 ♐
NOV	1 ♎ 13 ♏	1 ♐ 16 ♏	1 ♏ 8 ♐	1 ♍ 2 ♎ 27 ♏	1 ♐ 7 ♑	1 ♏ 22 ♐	1 ♍ 10 ♎	1 ♐ 17 ♑
DEZ	1 ♏ 7 ♐ 31 ♑	1 ♏	1 ♐ 2 ♑ 26 ♒	1 ♏ 21 ♐	1 ♑ 6 ♒	1 ♐ 16 ♑	1 ♎ 9 ♏	1 ♑ 12 ♒

♀	1945	1946	1947	1948	1949	1950	1951	1952
JAN	1 ♒ 6 ♓	1 ♑ 23 ♒	1 ♏ 6 ♐	1 ♒ 19 ♓	1 ♐ 14 ♑	1 ♒	1 ♑ 8 ♒	1 ♏ 3 ♐ 28 ♑
FEB	1 ♓ 3 ♈	1 ♒ 16 ♓	1 ♐ 7 ♑	1 ♓ 12 ♈	1 ♑ 7 ♒	1 ♒	1 ♓ 25 ♈	1 ♑ 21 ♒
MÄR	1 ♈ 12 ♉	1 ♓ 12 ♈	1 ♑ 6 ♒ 31 ♓	1 ♈ 9 ♉	1 ♒ 3 ♓ 27 ♈	1 ♒	1 ♈ 22 ♉	1 ♒ 17 ♓
APR	1 ♉ 8 ♈	1 ♈ 6 ♉ 30 ♊	1 ♓ 26 ♈	1 ♉ 5 ♊	1 ♈ 20 ♉	1 ♒ 7 ♓	1 ♉ 16 ♊	1 ♓ 10 ♈
MAI	1 ♈	1 ♊ 25 ♋	1 ♈ 21 ♉	1 ♊ 8 ♋	1 ♉ 15 ♊	1 ♓ 6 ♈	1 ♊ 12 ♋	1 ♈ 5 ♉ 29 ♊
JUN	1 ♈ 5 ♉	1 ♋ 19 ♌	1 ♉ 14 ♊	1 ♋ 30 ♊	1 ♊ 8 ♋	1 ♈ 2 ♉ 28 ♊	1 ♋ 8 ♌	1 ♊ 23 ♋
JUL	1 ♉ 8 ♊	1 ♌ 14 ♍	1 ♊ 9 ♋	1 ♊	1 ♋ 2 ♌ 27 ♍	1 ♊ 23 ♋	1 ♌ 9 ♍	1 ♋ 17 ♌
AUG	1 ♊ 5 ♋ 31 ♌	1 ♍ 10 ♎	1 ♋ 3 ♌ 27 ♍	1 ♊ 4 ♋	1 ♍ 21 ♎	1 ♋ 17 ♌	1 ♍	1 ♌ 10 ♍
SEP	1 ♌ 25 ♍	1 ♎ 8 ♏	1 ♍ 20 ♎	1 ♋ 9 ♌	1 ♎ 15 ♏	1 ♌ 11 ♍	1 ♍	1 ♍ 4 ♎ 28 ♏
OKT	1 ♍ 20 ♎	1 ♏ 17 ♐	1 ♎ 14 ♏	1 ♌ 7 ♍	1 ♏ 11 ♐	1 ♍ 5 ♎ 29 ♏	1 ♍	1 ♏ 23 ♐
NOV	1 ♎ 13 ♏	1 ♐ 9 ♏	1 ♏ 7 ♐	1 ♍ 2 ♎ 27 ♏	1 ♐ 7 ♑	1 ♏ 22 ♐	1 ♍ 10 ♎	1 ♐ 16 ♑
DEZ	1 ♏ 7 ♐ 31 ♑	1 ♏	1 ♑ 25 ♒	1 ♏ 21 ♐	1 ♑ 7 ♒	1 ♐ 15 ♑	1 ♎ 9 ♏	1 ♑ 11 ♒

Venus-Tabellen

♀	1953	1954	1955	1956	1957	1958	1959	1960
JAN	1 ♒ 6 ♓	1 ♑ 23 ♒	1 ♏ 7 ♐	1 ♒ 18 ♓	1 ♐ 13 ♑	1 ♒	1 ♑ 8 ♒	1 ♏ 3 ♐ 28 ♑
FEB	1 ♓ 3 ♈	1 ♒ 16 ♓	1 ♐ 7 ♑	1 ♓ 12 ♈	1 ♑ 6 ♒	1 ♒	1 ♓ 25 ♈	1 ♑ 21 ♒
MÄR	1 ♈ 15 ♉	1 ♓ 12 ♈	1 ♑ 5 ♒ 31 ♓	1 ♈ 8 ♉	1 ♒ 2 ♓ 26 ♈	1 ♒	1 ♈ 21 ♉	1 ♒ 16 ♓
APR	1 ♈	1 ♈ 5 ♉ 29 ♊	1 ♓ 25 ♈	1 ♉ 5 ♊	1 ♈ 19 ♉	1 ♒ 7 ♓	1 ♉ 15 ♊	1 ♓ 10 ♈
MAI	1 ♈	1 ♊ 24 ♋	1 ♈ 20 ♉	1 ♊ 9 ♋	1 ♉ 14 ♊	1 ♓ 6 ♈	1 ♊ 11 ♋	1 ♈ 4 ♉ 29 ♊
JUN	1 ♈ 6 ♉	1 ♋ 18 ♌	1 ♉ 14 ♊	1 ♋ 24 ♊	1 ♊ 7 ♋	1 ♈ 2 ♉ 27 ♊	1 ♋ 7 ♌	1 ♊ 22 ♋
JUL	1 ♉ 8 ♊	1 ♌ 14 ♍	1 ♊ 9 ♋	1 ♊	1 ♋ 2 ♌ 27 ♍	1 ♊ 22 ♋	1 ♌ 9 ♍	1 ♋ 16 ♌
AUG	1 ♊ 5 ♋ 31 ♌	1 ♍ 10 ♎	1 ♋ 2 ♌ 26 ♍	1 ♊ 5 ♋	1 ♍ 21 ♎	1 ♋ 16 ♌	1 ♍	1 ♌ 9 ♍
SEP	1 ♌ 25 ♍	1 ♎ 7 ♏	1 ♍ 19 ♎	1 ♋ 9 ♌	1 ♎ 15 ♏	1 ♌ 10 ♍	1 ♍ 21 ♌ 26 ♍	1 ♍ 3 ♎ 28 ♏
OKT	1 ♍ 19 ♎	1 ♏ 24 ♐ 28 ♏	1 ♎ 13 ♏	1 ♌ 7 ♍	1 ♏ 11 ♐	1 ♍ 3 ♎ 28 ♏	1 ♍	1 ♏ 22 ♐
NOV	1 ♎ 12 ♏	1 ♏	1 ♏ 6 ♐	1 ♎ 26 ♏	1 ♐ 6 ♑	1 ♏ 21 ♐	1 ♍ 10 ♎	1 ♐ 16 ♑
DEZ	1 ♏ 6 ♐ 30 ♑	1 ♏	1 ♑ 25 ♒	1 ♏ 20 ♐	1 ♑ 7 ♒	1 ♐ 15 ♑	1 ♎ 8 ♏	1 ♑ 11 ♒

♀	1961	1962	1963	1964	1965	1966	1967	1968
JAN	1 ♒ 6 ♓	1 ♑ 22 ♒	1 ♏ 7 ♐	1 ♒ 17 ♓	1 ♐ 13 ♑	1 ♒	1 ♑ 7 ♒ 31 ♓	1 ♏ 2 ♐ 27 ♑
FEB	1 ♓ 3 ♈	1 ♒ 15 ♓	1 ♐ 6 ♑	1 ♓ 11 ♈	1 ♑ 6 ♒	1 ♒ 7 ♑ 26 ♒	1 ♓ 24 ♈	1 ♑ 21 ♒
MÄR	1 ♈	1 ♓ 11 ♈	1 ♑ 5 ♒ 31 ♓	1 ♈ 8 ♉	1 ♒ 2 ♓ 26 ♈	1 ♒	1 ♈ 21 ♉	1 ♒ 16 ♓
APR	1 ♈	1 ♈ 4 ♉ 29 ♊	1 ♓ 25 ♈	1 ♉ 5 ♊	1 ♈ 19 ♉	1 ♒ 7 ♓	1 ♉ 15 ♊	1 ♓ 9 ♈
MAI	1 ♈	1 ♊ 24 ♋	1 ♈ 19 ♉	1 ♊ 10 ♋	1 ♉ 13 ♊	1 ♓ 6 ♈	1 ♊ 11 ♋	1 ♈ 4 ♉ 28 ♊
JUN	1 ♈ 6 ♉	1 ♋ 18 ♌	1 ♉ 13 ♊	1 ♋ 18 ♊	1 ♊ 7 ♋	1 ♉ 27 ♊	1 ♋ 7 ♌	1 ♊ 21 ♋
JUL	1 ♉ 8 ♊	1 ♌ 13 ♍	1 ♊ 8 ♋	1 ♊	1 ♌ 26 ♍	1 ♊ 22 ♋	1 ♌ 9 ♍	1 ♋ 16 ♌
AUG	1 ♊ 4 ♋ 30 ♌	1 ♍ 9 ♎	1 ♌ 26 ♍	1 ♊ 6 ♋	1 ♍ 20 ♎	1 ♋ 16 ♌	1 ♍	1 ♌ 9 ♍
SEP	1 ♌ 24 ♍	1 ♎ 8 ♏	1 ♍ 18 ♎	1 ♋ 9 ♌	1 ♎ 14 ♏	1 ♌ 9 ♍	1 ♍ 10 ♌	1 ♍ 3 ♎ 27 ♏
OKT	1 ♍ 18 ♎	1 ♏	1 ♎ 13 ♏	1 ♌ 6 ♍	1 ♏ 10 ♐	1 ♍ 3 ♎ 27 ♏	1 ♌ 2 ♍	1 ♏ 22 ♐
NOV	1 ♎ 12 ♏	1 ♏	1 ♏ 6 ♐ 30 ♑	1 ♎ 25 ♏	1 ♐ 6 ♑	1 ♏ 20 ♐	1 ♍ 10 ♎	1 ♐ 15 ♑
DEZ	1 ♏ 6 ♐ 29 ♑	1 ♏	1 ♑ 24 ♒	1 ♏ 20 ♐	1 ♑ 8 ♒	1 ♐ 14 ♑	1 ♎ 8 ♏	1 ♑ 10 ♒

Venus-Tabellen

♀	1969	1970	1971	1972	1973	1974	1975	1976
JAN	1 ♒ 5 ♓	1 ♑ 22 ♒	1 ♏ 8 ♐	1 ♒ 17 ♓	1 ♐ 12 ♑	1 ♒ 30 ♑	1 ♑ 7 ♒ 31 ♓	1 ♏ 2 ♐ 27 ♑
FEB	1 ♓ 3 ♈	1 ♒ 15 ♓	1 ♐ 6 ♑	1 ♓ 11 ♈	1 ♑ 5 ♒	1 ♑	1 ♓ 24 ♈	1 ♑ 20 ♒
MÄR	1 ♈	1 ♓ 11 ♈	1 ♑ 5 ♒ 30 ♓	1 ♈ 8 ♉	1 ♓ 25 ♈	1 ♒	1 ♈ 20 ♉	1 ♒ 15 ♓
APR	1 ♈	1 ♈ 4 ♉ 28 ♊	1 ♓ 24 ♈	1 ♉ 4 ♊	1 ♈ 19 ♉	1 ♒ 7 ♓	1 ♉ 14 ♊	1 ♓ 9 ♈
MAI	1 ♈	1 ♊ 23 ♋	1 ♈ 19 ♉	1 ♊ 11 ♋	1 ♉ 13 ♊	1 ♓ 5 ♈	1 ♊ 10 ♋	1 ♈ 3 ♉ 27 ♊
JUN	1 ♈ 6 ♉	1 ♋ 17 ♌	1 ♉ 13 ♊	1 ♋ 12 ♊	1 ♊ 6 ♋	1 ♉ 26 ♊	1 ♋ 7 ♌	1 ♊ 21 ♋
JUL	1 ♉ 7 ♊	1 ♌ 13 ♍	1 ♊ 7 ♋	1 ♊	1 ♌ 26 ♍	1 ♊ 22 ♋	1 ♌ 10 ♍	1 ♋ 15 ♌
AUG	1 ♊ 4 ♋ 30 ♌	1 ♍ 9 ♎	1 ♌ 25 ♍	1 ♊ 7 ♋	1 ♍ 19 ♎	1 ♋ 15 ♌	1 ♍	1 ♌ 9 ♍
SEP	1 ♌ 24 ♍	1 ♎ 8 ♏	1 ♍ 18 ♎	1 ♋ 8 ♌	1 ♎ 14 ♏	1 ♌ 9 ♍	1 ♍ 3 ♌	1 ♍ 2 ♎ 26 ♏
OKT	1 ♍ 18 ♎	1 ♏	1 ♎ 12 ♏	1 ♌ 6 ♍ 31 ♎	1 ♏ 10 ♐	1 ♍ 3 ♎ 27 ♏	1 ♌ 5 ♍	1 ♏ 21 ♐
NOV	1 ♎ 11 ♏	1 ♏	1 ♏ 5 ♐ 30 ♑	1 ♎ 25 ♏	1 ♐ 6 ♑	1 ♏ 20 ♐	1 ♍ 10 ♎	1 ♐ 15 ♑
DEZ	1 ♏ 5 ♐ 29 ♑	1 ♏	1 ♑ 24 ♒	1 ♏ 19 ♐	1 ♑ 8 ♒	1 ♐ 14 ♑	1 ♎ 7 ♏	1 ♑ 10 ♒

♀	1977	1978	1979	1980	1981	1982	1983	1984
JAN	1 ♒ 5 ♓	1 ♑ 21 ♒	1 ♏ 8 ♐	1 ♒ 16 ♓	1 ♐ 12 ♑	1 ♒ 24 ♑	1 ♑ 6 ♒ 30 ♓	1 ♏ 2 ♐ 26 ♑
FEB	1 ♓ 3 ♈	1 ♒ 14 ♓	1 ♐ 6 ♑	1 ♓ 10 ♈	1 ♑ 5 ♒ 28 ♓	1 ♑	1 ♓ 23 ♈	1 ♑ 20 ♒
MÄR	1 ♈	1 ♓ 10 ♈	1 ♑ 4 ♒ 29 ♓	1 ♈ 7 ♉	1 ♓ 25 ♈	1 ♑ 3 ♒	1 ♈ 20 ♉	1 ♒ 15 ♓
APR	1 ♈	1 ♈ 3 ♉ 28 ♊	1 ♓ 23 ♈	1 ♉ 4 ♊	1 ♈ 18 ♉	1 ♒ 7 ♓	1 ♉ 14 ♊	1 ♓ 8 ♈
MAI	1 ♈	1 ♊ 22 ♋	1 ♈ 18 ♉	1 ♊ 13 ♋	1 ♉ 12 ♊	1 ♓ 5 ♈ 31 ♉	1 ♊ 10 ♋	1 ♈ 3 ♉ 27 ♊
JUN	1 ♈ 7 ♉	1 ♋ 17 ♌	1 ♉ 12 ♊	1 ♋ 6 ♊	1 ♊ 6 ♋ 30 ♌	1 ♉ 26 ♊	1 ♋ 7 ♌	1 ♊ 21 ♋
JUL	1 ♉ 7 ♊	1 ♌ 12 ♍	1 ♊ 7 ♋ 31 ♌	1 ♊	1 ♌ 25 ♍	1 ♊ 21 ♋	1 ♌ 11 ♍	1 ♋ 15 ♌
AUG	1 ♊ 3 ♋ 29 ♌	1 ♍ 8 ♎	1 ♌ 25 ♍	1 ♊ 7 ♋	1 ♍ 19 ♎	1 ♋ 15 ♌	1 ♍ 28 ♌	1 ♌ 8 ♍
SEP	1 ♌ 23 ♍	1 ♎ 8 ♏	1 ♍ 18 ♎	1 ♋ 8 ♌	1 ♎ 13 ♏	1 ♌ 8 ♍	1 ♌	1 ♍ 2 ♎ 26 ♏
OKT	1 ♍ 17 ♎	1 ♏	1 ♎ 12 ♏	1 ♌ 5 ♍ 31 ♎	1 ♏ 9 ♐	1 ♍ 2 ♎ 26 ♏	1 ♌ 6 ♍	1 ♏ 21 ♐
NOV	1 ♎ 11 ♏	1 ♏	1 ♏ 5 ♐ 29 ♑	1 ♎ 25 ♏	1 ♐ 6 ♑	1 ♏ 19 ♐	1 ♍ 10 ♎	1 ♐ 14 ♑
DEZ	1 ♏ 4 ♐ 28 ♑	1 ♏	1 ♑ 23 ♒	1 ♏ 19 ♐	1 ♑ 9 ♒	1 ♐ 12 ♑	1 ♎ 7 ♏	1 ♑ 10 ♒

Venus-Tabellen

♀	1985	1986	1987	1988	1989	1990	1991	1992
JAN	1 ♒ 5 ♓	1 ♑ 21 ♒	1 ♏ 8 ♐	1 ♒ 16 ♓	1 ♐ 11 ♑	1 ♒ 17 ♑	1 ♑ 6 ♒ 30 ♓	1 ♐ 26 ♑
FEB	1 ♓ 3 ♈	1 ♒ 14 ♓	1 ♐ 6 ♑	1 ♓ 10 ♈	1 ♑ 4 ♒ 28 ♓	1 ♑	1 ♓ 23 ♈	1 ♑ 19 ♒
MÄR	1 ♈	1 ♓ 9 ♈	1 ♑ 4 ♒ 29 ♓	1 ♈ 7 ♉	1 ♓ 24 ♈	1 ♑ 4 ♒	1 ♈ 19 ♉	1 ♒ 14 ♓
APR	1 ♈	1 ♈ 3 ♉ 27 ♊	1 ♓ 23 ♈	1 ♉ 4 ♊	1 ♈ 17 ♉	1 ♒ 7 ♓	1 ♉ 13 ♊	1 ♓ 7 ♈
MAI	1 ♈	1 ♊ 22 ♋	1 ♈ 18 ♉	1 ♊ 18 ♋ 27 ♊	1 ♉ 12 ♊	1 ♓ 4 ♈ 31 ♉	1 ♊ 9 ♋	1 ♈ 2 ♉ 26 ♊
JUN	1 ♈ 7 ♉	1 ♋ 16 ♌	1 ♉ 12 ♊	1 ♊	1 ♊ 5 ♋ 30 ♌	1 ♉ 25 ♊	1 ♋ 7 ♌	1 ♊ 20 ♋
JUL	1 ♉ 7 ♊	1 ♌ 12 ♍	1 ♊ 6 ♋ 31 ♌	1 ♊	1 ♌ 24 ♍	1 ♊ 20 ♋	1 ♌ 11 ♍	1 ♋ 14 ♌
AUG	1 ♊ 3 ♋ 28 ♌	1 ♍ 8 ♎	1 ♌ 24 ♍	1 ♊ 7 ♋	1 ♍ 18 ♎	1 ♋ 13 ♌	1 ♍ 22 ♌	1 ♌ 7 ♍
SEP	1 ♌ 23 ♍	1 ♎ 8 ♏	1 ♍ 17 ♎	1 ♋ 8 ♌	1 ♎ 13 ♏	1 ♌ 9 ♍	1 ♌	1 ♎ 25 ♏
OKT	1 ♍ 17 ♎	1 ♏	1 ♎ 11 ♏	1 ♌ 5 ♍ 30 ♎	1 ♏ 9 ♐	1 ♍ 2 ♎ 26 ♏	1 ♌ 7 ♍	1 ♏ 20 ♐
NOV	1 ♎ 10 ♏	1 ♏	1 ♏ 4 ♐ 28 ♑	1 ♎ 24 ♏	1 ♐ 6 ♑	1 ♏ 19 ♐	1 ♍ 9 ♎	1 ♐ 14 ♑
DEZ	1 ♏ 4 ♐ 28 ♑	1 ♏	1 ♑ 23 ♒	1 ♏ 18 ♐	1 ♑ 10 ♒	1 ♐ 13 ♑	1 ♎ 7 ♏	1 ♑ 9 ♒

♀	1993	1994	1995	1996	1997	1998	1999	2000
JAN	1 ♒ 4 ♓	1 ♑ 20 ♒	1 ♏ 8 ♐	1 ♒ 15 ♓	1 ♐ 10 ♑	1 ♒ 10 ♑	1 ♑ 5 ♒ 29 ♓	1 ♐ 25 ♑
FEB	1 ♓ 3 ♈	1 ♒ 13 ♓	1 ♐ 5 ♑	1 ♓ 9 ♈	1 ♑ 4 ♒ 28 ♓	1 ♑	1 ♓ 22 ♈	1 ♑ 19 ♒
MÄR	1 ♈	1 ♓ 9 ♈	1 ♑ 3 ♒ 29 ♓	1 ♈ 6 ♉	1 ♓ 24 ♈	1 ♑ 5 ♒	1 ♈ 19 ♉	1 ♒ 14 ♓
APR	1 ♈	1 ♈ 2 ♉ 27 ♊	1 ♓ 23 ♈	1 ♉ 4 ♊	1 ♈ 17 ♉	1 ♒ 7 ♓	1 ♉ 13 ♊	1 ♓ 7 ♈
MAI	1 ♈	1 ♊ 21 ♋	1 ♈ 17 ♉	1 ♊	1 ♉ 11 ♊	1 ♓ 4 ♈ 30 ♉	1 ♊ 9 ♋	1 ♈ 2 ♉ 26 ♊
JUN	1 ♈ 7 ♉	1 ♋ 15 ♌	1 ♉ 11 ♊	1 ♊	1 ♊ 4 ♋ 29 ♌	1 ♉ 25 ♊	1 ♋ 6 ♌	1 ♊ 19 ♋
JUL	1 ♉ 6 ♊	1 ♌ 12 ♍	1 ♊ 6 ♋ 30 ♌	1 ♊	1 ♌ 24 ♍	1 ♊ 20 ♋	1 ♌ 13 ♍	1 ♋ 14 ♌
AUG	1 ♊ 2 ♋ 28 ♌	1 ♍ 8 ♎	1 ♌ 23 ♍	1 ♊ 8 ♋	1 ♍ 18 ♎	1 ♋ 14 ♌	1 ♍ 16 ♌	1 ♌ 7 ♍
SEP	1 ♌ 22 ♍	1 ♎ 8 ♏	1 ♍ 17 ♎	1 ♋ 8 ♌	1 ♎ 12 ♏	1 ♌ 7 ♍	1 ♌	1 ♎ 25 ♏
OKT	1 ♍ 16 ♎	1 ♏	1 ♎ 11 ♏	1 ♌ 5 ♍ 30 ♎	1 ♏ 9 ♐	1 ♎ 25 ♏	1 ♌ 8 ♍	1 ♏ 20 ♐
NOV	1 ♎ 9 ♏	1 ♏	1 ♏ 4 ♐ 28 ♑	1 ♎ 23 ♏	1 ♐ 6 ♑	1 ♏ 18 ♐	1 ♍ 10 ♎	1 ♐ 13 ♑
DEZ	1 ♏ 3 ♐ 27 ♑	1 ♏	1 ♑ 22 ♒	1 ♏ 17 ♐	1 ♑ 12 ♒	1 ♐ 12 ♑	1 ♎ 6 ♏	1 ♑ 9 ♒

Mars-Tabellen

♂	1921	1922	1923	1924	1925	1926	1927	1928	1929	1930
JAN	1 ♒, 5 ♓	1 ♏	1 ♓, 21 ♈	1 ♏, 19 ♐	1 ♈	1 ♐	1 ♉	1 ♐, 19 ♑	1 ♊	1 ♑
FEB	1 ♓, 13 ♈	1 ♏, 18 ♐	1 ♈	1 ♐	1 ♈, 5 ♉	1 ♐, 9 ♑	1 ♉, 22 ♊	1 ♑, 28 ♒	1 ♊	1 ♑, 6 ♒
MÄR	1 ♈, 25 ♉	1 ♐	1 ♈, 4 ♉	1 ♐, 6 ♑	1 ♉, 24 ♊	1 ♑, 23 ♒	1 ♊	1 ♒	1 ♊, 10 ♋	1 ♒, 17 ♓
APR	1 ♉	1 ♐	1 ♉, 16 ♊	1 ♑, 24 ♒	1 ♊	1 ♒	1 ♊, 17 ♋	1 ♒, 7 ♓	1 ♋	1 ♓, 24 ♈
MAI	1 ♉, 6 ♊	1 ♐	1 ♊, 30 ♋	1 ♒	1 ♊, 9 ♋	1 ♒, 3 ♓	1 ♋	1 ♓, 16 ♈	1 ♋, 13 ♌	1 ♈
JUN	1 ♊, 18 ♋	1 ♐	1 ♋	1 ♒, 24 ♓	1 ♋, 26 ♌	1 ♓, 15 ♈	1 ♋, 6 ♌	1 ♈, 26 ♉	1 ♌	1 ♈, 3 ♉
JUL	1 ♋	1 ♐	1 ♋, 16 ♌	1 ♓	1 ♌	1 ♈	1 ♌, 25 ♍	1 ♉	1 ♌, 4 ♍	1 ♉, 14 ♊
AUG	1 ♋, 3 ♌	1 ♐	1 ♌	1 ♓, 24 ♒	1 ♌, 12 ♍	1 ♉	1 ♍	1 ♉, 9 ♊	1 ♍, 21 ♎	1 ♊, 28 ♋
SEP	1 ♌, 19 ♍	1 ♐, 13 ♑	1 ♍	1 ♒	1 ♍, 28 ♎	1 ♉	1 ♍, 10 ♎	1 ♊	1 ♎	1 ♋
OKT	1 ♍	1 ♑, 30 ♒	1 ♍, 18 ♎	1 ♒, 19 ♓	1 ♎	1 ♉	1 ♎, 26 ♏	1 ♊, 3 ♋	1 ♎, 6 ♏	1 ♋, 20 ♌
NOV	1 ♍, 6 ♎	1 ♒	1 ♎	1 ♓	1 ♎, 13 ♏	1 ♉	1 ♏	1 ♋	1 ♏, 18 ♐	1 ♌
DEZ	1 ♎, 26 ♏	1 ♒, 11 ♓	1 ♎, 4 ♏	1 ♓, 19 ♈	1 ♏, 28 ♐	1 ♉	1 ♏, 8 ♐	1 ♋, 20 ♊	1 ♐, 29 ♑	1 ♌

♂	1931	1932	1933	1934	1935	1936	1937	1938	1939	1940
JAN	1 ♌	1 ♑, 18 ♒	1 ♍	1 ♒	1 ♎	1 ♒, 14 ♓	1 ♎, 5 ♏	1 ♓, 30 ♈	1 ♏, 29 ♐	1 ♓, 4 ♈
FEB	1 ♌, 16 ♋	1 ♒, 25 ♓	1 ♍	1 ♒, 4 ♓	1 ♎	1 ♓, 22 ♈	1 ♏	1 ♈	1 ♐	1 ♈, 17 ♉
MÄR	1 ♋, 30 ♌	1 ♓	1 ♍	1 ♓, 14 ♈	1 ♎	1 ♈	1 ♏, 13 ♐	1 ♈, 12 ♉	1 ♐, 21 ♑	1 ♉
APR	1 ♌	1 ♓, 3 ♈	1 ♍	1 ♈, 22 ♉	1 ♎	1 ♉	1 ♐	1 ♉, 23 ♊	1 ♑	1 ♊
MAI	1 ♌	1 ♈, 12 ♉	1 ♍	1 ♉	1 ♎	1 ♉, 13 ♊	1 ♐, 14 ♏	1 ♊	1 ♑, 25 ♒	1 ♊, 17 ♋
JUN	1 ♌, 10 ♍	1 ♉, 22 ♊	1 ♍	1 ♉, 2 ♊	1 ♎	1 ♊, 25 ♋	1 ♏	1 ♊, 7 ♋	1 ♒	1 ♋
JUL	1 ♍	1 ♊	1 ♍, 6 ♎	1 ♊, 15 ♋	1 ♎, 29 ♏	1 ♋	1 ♏	1 ♋, 22 ♌	1 ♒, 21 ♑	1 ♋, 3 ♌
AUG	1 ♎	1 ♊, 4 ♋	1 ♎, 26 ♏	1 ♋, 30 ♌	1 ♏	1 ♋, 10 ♌	1 ♏, 8 ♐	1 ♌	1 ♑	1 ♌, 19 ♍
SEP	1 ♎, 17 ♏	1 ♋, 20 ♌	1 ♏	1 ♌	1 ♏, 16 ♐	1 ♌, 26 ♍	1 ♐, 30 ♑	1 ♌, 7 ♍	1 ♑, 24 ♒	1 ♍
OKT	1 ♏, 30 ♐	1 ♌	1 ♏, 9 ♐	1 ♌, 18 ♍	1 ♐, 28 ♑	1 ♍	1 ♑	1 ♍, 25 ♎	1 ♒	1 ♍, 5 ♎
NOV	1 ♐	1 ♌, 13 ♍	1 ♐, 19 ♑	1 ♍	1 ♑	1 ♍, 14 ♎	1 ♑, 11 ♒	1 ♎	1 ♒, 19 ♓	1 ♎, 20 ♏
DEZ	1 ♐, 10 ♑	1 ♍	1 ♑, 28 ♒	1 ♍, 11 ♎	1 ♑, 7 ♒	1 ♎	1 ♒, 21 ♓	1 ♎, 11 ♏	1 ♓	1 ♏

Mars-Tabellen

♂	1941	1942	1943	1944	1945	1946	1947	1948	1949	1950
JAN	1 ♏ 4 ♐	1 ♈ 11 ♉	1 ♐ 26 ♑	1 ♊	1 ♐ 5 ♑	1 ♋	1 ♑ 25 ♒	1 ♍	1 ♑ 4 ♒	1 ♎
FEB	1 ♐ 17 ♑	1 ♉	1 ♑	1 ♊	1 ♑ 14 ♒	1 ♋	1 ♒	1 ♍ 12 ♌	1 ♒ 11 ♓	1 ♎
MÄR	1 ♑	1 ♉ 7 ♊	1 ♑ 8 ♒	1 ♊ 29 ♋	1 ♒ 25 ♓	1 ♋	1 ♒ 4 ♓	1 ♌	1 ♓ 21 ♈	1 ♎ 28 ♍
APR	1 ♑ 2 ♒	1 ♊ 26 ♋	1 ♒ 17 ♓	1 ♋	1 ♓	1 ♋ 22 ♌	1 ♓ 11 ♈	1 ♌	1 ♈ 30 ♉	1 ♍
MAI	1 ♒ 16 ♓	1 ♋	1 ♓ 27 ♈	1 ♋ 22 ♌	1 ♓ 3 ♈	1 ♌	1 ♈ 21 ♉	1 ♌ 18 ♍	1 ♉	1 ♍
JUN	1 ♓	1 ♋ 14 ♌	1 ♈	1 ♌	1 ♈ 11 ♉	1 ♌ 20 ♍	1 ♉	1 ♍	1 ♉ 10 ♊	1 ♍ 11 ♎
JUL	1 ♓ 2 ♈	1 ♌	1 ♈ 7 ♉	1 ♌ 12 ♍	1 ♉ 23 ♊	1 ♍	1 ♊	1 ♍ 17 ♎	1 ♊ 23 ♋	1 ♎
AUG	1 ♈	1 ♍	1 ♉ 23 ♊	1 ♍ 29 ♎	1 ♊	1 ♍ 9 ♎	1 ♊ 13 ♋	1 ♎	1 ♋	1 ♎ 10 ♏
SEP	1 ♈	1 ♍ 17 ♎	1 ♊	1 ♎	1 ♊ 7 ♋	1 ♎ 24 ♏	1 ♋	1 ♎ 3 ♏	1 ♋ 7 ♌	1 ♏ 25 ♐
OKT	1 ♈	1 ♎	1 ♊	1 ♎ 13 ♏	1 ♋	1 ♏	1 ♌	1 ♏ 17 ♐	1 ♌ 27 ♍	1 ♐
NOV	1 ♈	1 ♎ 2 ♏	1 ♊	1 ♏ 25 ♐	1 ♋ 11 ♌	1 ♏ 6 ♐	1 ♌	1 ♐ 26 ♑	1 ♍	1 ♐ 6 ♑
DEZ	1 ♈	1 ♏ 15 ♐	1 ♊	1 ♐	1 ♌ 26 ♋	1 ♐ 17 ♑	1 ♍	1 ♑	1 ♍ 26 ♎	1 ♑ 15 ♒

♂	1951	1952	1953	1954	1955	1956	1957	1958	1959	1960
JAN	1 ♒ 22 ♓	1 ♎ 20 ♏	1 ♓	1 ♏	1 ♓ 15 ♈	1 ♏ 14 ♐	1 ♈ 28 ♉	1 ♐	1 ♉	1 ♐ 14 ♑
FEB	1 ♓	1 ♏	1 ♓ 8 ♈	1 ♏ 9 ♐	1 ♈ 26 ♉	1 ♐ 28 ♑	1 ♉	1 ♐ 3 ♑	1 ♉ 10 ♊	1 ♑ 23 ♒
MÄR	1 ♓ 2 ♈	1 ♏	1 ♈ 20 ♉	1 ♐	1 ♉	1 ♑	1 ♉ 17 ♊	1 ♑ 17 ♒	1 ♊	1 ♒
APR	1 ♈ 10 ♉	1 ♏	1 ♉	1 ♐ 12 ♑	1 ♉ 10 ♊	1 ♑ 14 ♒	1 ♊	1 ♒ 27 ♓	1 ♊ 10 ♋	1 ♒ 2 ♓
MAI	1 ♉ 21 ♊	1 ♏	1 ♊	1 ♑	1 ♊ 26 ♋	1 ♒	1 ♊ 4 ♋	1 ♓	1 ♋	1 ♓ 11 ♈
JUN	1 ♊	1 ♏	1 ♊ 14 ♋	1 ♑	1 ♋	1 ♒ 3 ♓	1 ♋ 21 ♌	1 ♓ 7 ♈	1 ♋ 2 ♌	1 ♈ 20 ♉
JUL	1 ♊ 3 ♋	1 ♏	1 ♋ 29 ♌	1 ♑ 3 ♐	1 ♋ 11 ♌	1 ♓	1 ♌	1 ♈ 21 ♉	1 ♌ 20 ♍	1 ♉
AUG	1 ♋ 18 ♌	1 ♏ 27 ♐	1 ♌	1 ♐ 24 ♑	1 ♌ 27 ♍	1 ♓	1 ♌ 8 ♍	1 ♉	1 ♍	1 ♉ 2 ♊
SEP	1 ♌	1 ♐	1 ♌ 14 ♍	1 ♑	1 ♍	1 ♓	1 ♍ 24 ♎	1 ♉ 21 ♊	1 ♍ 5 ♎	1 ♊ 21 ♋
OKT	1 ♌ 5 ♍	1 ♐ 12 ♑	1 ♍	1 ♑ 21 ♒	1 ♍ 13 ♎	1 ♓	1 ♎	1 ♊ 29 ♉	1 ♎ 21 ♏	1 ♋
NOV	1 ♍ 24 ♎	1 ♑ 21 ♒	1 ♎	1 ♒	1 ♎ 29 ♏	1 ♓	1 ♎ 8 ♏	1 ♉	1 ♏	1 ♋
DEZ	1 ♎	1 ♒ 30 ♓	1 ♎ 20 ♏	1 ♒ 4 ♓	1 ♏	1 ♓ 6 ♈	1 ♏ 23 ♐	1 ♉	1 ♏ 3 ♐	1 ♋

Mars-Tabellen

♂	1961	1962	1963	1964	1965	1966	1967	1968	1969	1970
JAN	1 ♋	1 ♑	1 ♌	1 ♑ 13 ♒	1 ♍	1 ♒ 30 ♓	1 ♎	1 ♒ 9 ♓	1 ♏	1 ♓ 24 ♈
FEB	1 ♋ 5 ♊ 7 ♋	1 ♑ 2 ♒	1 ♌	1 ♒ 20 ♓	1 ♍	1 ♓	1 ♎ 12 ♏	1 ♓ 17 ♈	1 ♏ 25 ♐	1 ♈
MÄR	1 ♋	1 ♒ 12 ♓	1 ♌	1 ♓ 29 ♈	1 ♍	1 ♓ 9 ♈	1 ♏ 31 ♎	1 ♈ 28 ♉	1 ♐	1 ♈ 7 ♉
APR	1 ♋	1 ♓ 19 ♈	1 ♌	1 ♈	1 ♍	1 ♈ 17 ♉	1 ♎	1 ♉	1 ♐	1 ♉ 18 ♊
MAI	1 ♋ 6 ♌	1 ♈ 28 ♉	1 ♌	1 ♈ 7 ♉	1 ♍	1 ♉ 28 ♊	1 ♎	1 ♉ 8 ♊	1 ♐	1 ♊
JUN	1 ♌ 28 ♍	1 ♉	1 ♌ 3 ♍	1 ♉ 17 ♊	1 ♍ 29 ♎	1 ♊	1 ♎	1 ♊ 21 ♋	1 ♐	1 ♊ 2 ♋
JUL	1 ♍	1 ♉ 9 ♊	1 ♍ 27 ♎	1 ♊ 30 ♋	1 ♎	1 ♊ 11 ♋	1 ♎ 19 ♏	1 ♋	1 ♐	1 ♋ 18 ♌
AUG	1 ♍ 17 ♎	1 ♊ 22 ♋	1 ♎	1 ♋	1 ♎ 20 ♏	1 ♋ 25 ♌	1 ♏	1 ♋ 5 ♌	1 ♐	1 ♌
SEP	1 ♎	1 ♋	1 ♎ 12 ♏	1 ♋ 15 ♌	1 ♏	1 ♌	1 ♏ 10 ♐	1 ♌ 21 ♍	1 ♐ 21 ♑	1 ♌ 3 ♍
OKT	1 ♎ 2 ♏	1 ♋ 11 ♌	1 ♏ 25 ♐	1 ♌	1 ♏ 4 ♐	1 ♌ 12 ♍	1 ♐ 23 ♑	1 ♍	1 ♑	1 ♍ 20 ♎
NOV	1 ♏ 13 ♐	1 ♌	1 ♐	1 ♌ 6 ♍	1 ♐ 14 ♑	1 ♍	1 ♑	1 ♍ 9 ♎	1 ♑ 4 ♒	1 ♎
DEZ	1 ♐ 24 ♑	1 ♌	1 ♐ 5 ♑	1 ♍	1 ♑ 23 ♒	1 ♍ 4 ♎	1 ♑ 2 ♒	1 ♎ 30 ♏	1 ♒ 15 ♓	1 ♎ 6 ♏

♂	1971	1972	1973	1974	1975	1976	1977	1978	1979	1980
JAN	1 ♏ 23 ♐	1 ♈	1 ♐	1 ♉	1 ♐ 21 ♑	1 ♊	1 ♑	1 ♌ 26 ♋	1 ♑ 21 ♒	1 ♍
FEB	1 ♐	1 ♈ 10 ♉	1 ♐ 12 ♑	1 ♉ 27 ♊	1 ♑	1 ♊	1 ♑ 9 ♒	1 ♋	1 ♒ 28 ♓	1 ♍
MÄR	1 ♐ 12 ♑	1 ♉ 27 ♊	1 ♑ 27 ♒	1 ♊	1 ♑ 3 ♒	1 ♊ 18 ♋	1 ♒ 20 ♓	1 ♋	1 ♓	1 ♍ 12 ♌
APR	1 ♑	1 ♊	1 ♒	1 ♊ 20 ♋	1 ♒ 11 ♓	1 ♋	1 ♓ 28 ♈	1 ♋ 11 ♌	1 ♓ 7 ♈	1 ♌
MAI	1 ♑ 3 ♒	1 ♊ 12 ♋	1 ♒ 8 ♓	1 ♋	1 ♓ 21 ♈	1 ♋ 16 ♌	1 ♈	1 ♌	1 ♈ 16 ♉	1 ♌ 4 ♍
JUN	1 ♒	1 ♋ 28 ♌	1 ♓ 21 ♈	1 ♋ 9 ♌	1 ♈	1 ♌	1 ♈ 6 ♉	1 ♌ 14 ♍	1 ♉ 26 ♊	1 ♍
JUL	1 ♒	1 ♌	1 ♈	1 ♌ 27 ♍	1 ♉	1 ♌ 7 ♍	1 ♉ 18 ♊	1 ♍	1 ♊	1 ♍ 11 ♎
AUG	1 ♒	1 ♌ 15 ♍	1 ♈ 12 ♉	1 ♍	1 ♉ 14 ♊	1 ♍ 24 ♎	1 ♊	1 ♍ 4 ♎	1 ♊ 8 ♋	1 ♎ 29 ♏
SEP	1 ♒	1 ♍	1 ♉	1 ♍ 12 ♎	1 ♊	1 ♎	1 ♋	1 ♎ 20 ♏	1 ♋ 25 ♌	1 ♏
OKT	1 ♒	1 ♎	1 ♉ 30 ♈	1 ♎ 28 ♏	1 ♊ 17 ♋	1 ♎ 9 ♏	1 ♋ 27 ♌	1 ♏	1 ♌	1 ♏ 12 ♐
NOV	1 ♒ 6 ♓	1 ♎ 15 ♏	1 ♈	1 ♏	1 ♋ 26 ♊	1 ♏ 21 ♐	1 ♌	1 ♏ 2 ♐	1 ♌ 20 ♍	1 ♐ 22 ♑
DEZ	1 ♓ 26 ♈	1 ♏ 30 ♐	1 ♈ 24 ♉	1 ♏ 11 ♐	1 ♊	1 ♐	1 ♌	1 ♐ 13 ♑	1 ♍	1 ♑ 31 ♒

Mars-Tabellen

♂	1981	1982	1983	1984	1985	1986	1987	1988	1989	1990
JAN	1 ♒	1 ♎	1 ♒ 17 ♓	1 ♎ 11 ♏	1 ♓	1 ♏	1 ♓ 8 ♈	1 ♏ 9 ♐	1 ♈ 19 ♉	1 ♐ 30 ♑
FEB	1 ♒ 7 ♓	1 ♎	1 ♓ 25 ♈	1 ♏	1 ♓ 3 ♈	1 ♏ 2 ♐	1 ♈ 21 ♉	1 ♐ 22 ♑	1 ♉	1 ♑
MÄR	1 ♓ 17 ♈	1 ♎	1 ♈	1 ♏	1 ♈ 15 ♉	1 ♐ 28 ♑	1 ♉	1 ♑	1 ♉ 11 ♊	1 ♑ 12 ♒
APR	1 ♈ 25 ♉	1 ♎	1 ♈ 5 ♉	1 ♏	1 ♉ 26 ♊	1 ♑	1 ♉ 6 ♊	1 ♑ 7 ♒	1 ♊ 29 ♋	1 ♒ 21 ♓
MAI	1 ♉	1 ♎	1 ♉ 17 ♊	1 ♏	1 ♊	1 ♑	1 ♊ 21 ♋	1 ♒ 22 ♓	1 ♋	1 ♓ 31 ♈
JUN	1 ♉ 5 ♊	1 ♎	1 ♊ 29 ♋	1 ♏	1 ♊ 9 ♋	1 ♑	1 ♋	1 ♓	1 ♋ 17 ♌	1 ♈
JUL	1 ♊ 18 ♋	1 ♎	1 ♋	1 ♏	1 ♋ 25 ♌	1 ♑	1 ♋ 7 ♌	1 ♓ 14 ♈	1 ♌	1 ♈ 13 ♉
AUG	1 ♋	1 ♎ 3 ♏	1 ♋ 14 ♌	1 ♏ 18 ♐	1 ♌	1 ♑	1 ♌ 23 ♍	1 ♈	1 ♌ 3 ♍	1 ♉ 31 ♊
SEP	1 ♋ 2 ♌	1 ♏ 20 ♐	1 ♌ 30 ♍	1 ♐	1 ♌ 10 ♍	1 ♑	1 ♍	1 ♈	1 ♍ 20 ♎	1 ♊
OKT	1 ♌ 21 ♍	1 ♐	1 ♍	1 ♐ 5 ♑	1 ♍ 28 ♎	1 ♑ 9 ♒	1 ♍ 9 ♎	1 ♈ 24 ♓	1 ♎	1 ♊
NOV	1 ♍	1 ♑	1 ♍ 18 ♎	1 ♑ 16 ♒	1 ♎	1 ♒ 26 ♓	1 ♎ 24 ♏	1 ♓ 2 ♈	1 ♎ 4 ♏	1 ♊
DEZ	1 ♍ 16 ♎	1 ♑ 10 ♒	1 ♎	1 ♒ 25 ♓	1 ♎ 15 ♏	1 ♓	1 ♏	1 ♈	1 ♏ 18 ♐	1 ♊ 14 ♉

♂	1991	1992	1993	1994	1995	1996	1997	1998	1999	2000
JAN	1 ♉ 21 ♊	1 ♐ 9 ♑	1 ♋	1 ♑ 28 ♒	1 ♍ 23 ♌	1 ♑ 9 ♒	1 ♍ 3 ♎	1 ♒ 25 ♓	1 ♎ 26 ♏	1 ♒ 4 ♓
FEB	1 ♊	1 ♑ 18 ♒	1 ♋	1 ♒	1 ♌	1 ♒ 15 ♓	1 ♎	1 ♓	1 ♏	1 ♓ 12 ♈
MÄR	1 ♊	1 ♒ 28 ♓	1 ♋	1 ♒ 7 ♓	1 ♌	1 ♓ 25 ♈	1 ♎ 9 ♍	1 ♓ 5 ♈	1 ♏	1 ♈ 23 ♉
APR	1 ♊ 3 ♋	1 ♓	1 ♋ 28 ♌	1 ♓ 15 ♈	1 ♌	1 ♈	1 ♍	1 ♈ 13 ♉	1 ♏	1 ♉
MAI	1 ♋ 27 ♌	1 ♓ 6 ♈	1 ♌	1 ♈ 24 ♉	1 ♌ 26 ♍	1 ♈ 3 ♉	1 ♍	1 ♉ 24 ♊	1 ♏ 6 ♎	1 ♉ 4 ♊
JUN	1 ♌	1 ♈ 15 ♉	1 ♌ 23 ♍	1 ♉	1 ♍	1 ♉ 12 ♊	1 ♍ 19 ♎	1 ♊	1 ♎	1 ♊ 16 ♋
JUL	1 ♌ 16 ♍	1 ♉ 27 ♊	1 ♍	1 ♉ 4 ♊	1 ♍ 21 ♎	1 ♊ 26 ♋	1 ♎	1 ♊ 6 ♋	1 ♎ 5 ♏	1 ♋
AUG	1 ♍	1 ♊	1 ♍ 12 ♎	1 ♊ 17 ♋	1 ♎	1 ♋	1 ♎ 14 ♏	1 ♋ 21 ♌	1 ♏	1 ♌
SEP	1 ♎	1 ♊ 12 ♋	1 ♎ 27 ♏	1 ♋	1 ♎ 7 ♏	1 ♋ 10 ♌	1 ♏ 29 ♐	1 ♌	1 ♏ 3 ♐	1 ♌ 17 ♍
OKT	1 ♎ 17 ♏	1 ♋	1 ♏	1 ♋ 5 ♌	1 ♏ 21 ♐	1 ♌ 30 ♍	1 ♐	1 ♌ 7 ♍	1 ♐ 17 ♑	1 ♍
NOV	1 ♏ 29 ♐	1 ♋	1 ♏ 9 ♐	1 ♌	1 ♐	1 ♍	1 ♐ 9 ♑	1 ♍ 27 ♎	1 ♑ 26 ♒	1 ♍ 4 ♎
DEZ	1 ♐	1 ♋	1 ♐ 20 ♑	1 ♌ 12 ♍	1 ♑	1 ♍	1 ♑ 18 ♒	1 ♎	1 ♒	1 ♎ 23 ♏